JN091987

JOHN

Politics of

AND
YOKO

ジョンとヨーコの
政治学

不条理を撃つ

大石 紘一郎 ｜著

Koichiro Oishi

早稲田大学出版部

CONTENTS　目次

※各見出しの横の J は John を、Y は Yoko を表し、作詞・作曲がジョンあるいはヨーコによるものであることを示す。J&Y は二人共同の作詞・作曲であることを示す。

凡例

1—本文中では敬称は省略させていただいた。また政治家などの役職は当時のもので説明した場合もある。

2—引用文中の／は、原文では改行であることを示す。また〔　〕内の語句は、著者による補いである。

3—本文中での参照文献の示し方は（著者名、出版年、ページ）とした。日本の新聞社名については、『朝日』『毎日』『読売』『東京』などのように省略して示すこともある（p.188など）。

4—二人の歌詞の原文と翻訳などは、CDに付属するリーフレット、翻訳詩集、webなどを参照した。翻訳については私自身が訳した場合が多い。CD、翻訳詩集などは、後掲の参考文献リストに明記している。

5—本文中で触れるジョンとヨーコの歌や演奏などはYouTubeで簡単に視聴できると思われるので、随時参照していただきたい。

はじめに

　もうそんなことは起こらないだろう、と思われていた。一つの大国が別の独立国に軍事侵攻するようなことは……。普通の人々が住むアパートや住宅だけでなく、大勢の人が集まる劇場や病院にまでミサイルが撃ちこまれ、粉塵の舞う街路を戦車が縦横に走りまわり、そのあとにはいくつもの死体が横たわっている。その光景を、私たちは夕食をとりながらテレビで凝視する。

　このような不条理を、ジョン・レノン（John Lennon, 1940—1980）とオノ・ヨーコ（Ono, Yoko, 1933—）は、今から半世紀も前、ベトナム戦争中にアメリカ軍が犯した民間人大量虐殺の写真をレコード・ジャケットに使って、衝いた。ヨーコは歌った。「これからも私たちは夕食をとりながら死体を見続けるのでしょうか？／私たちの時代は殺戮の世紀だったと後世の人に言われるのでしょうか？」（後出：「今でなくては！」1972）

　歌手としてだけでなく、ユーモアとともに体を張ってベトナム戦争に抗議した二人であるが、彼らが衝いた不条理はそれだけではない。活動のテーマは、フェミニズム、人種差別への抗議、先んじた地球環境破壊への危惧など、多岐にわ

たっている。二人の活動を、今、ロシアによるウクライナへの軍事侵攻を目の当たりにし、核戦争の脅威すら語られ、「新しい戦前」ともいわれるこの時点で、振り返ってみるのは大いに意義あることであろう。

　オリンピックなどのビッグ・イベントでも流されることのあるジョン・レノンとオノ・ヨーコの「イマジン」"Imagine" [1] は、多くの人々に愛され歌われ続けているにもかかわらず、しばしば放送自粛される。2001年9月11日、ニューヨークの世界貿易センタービルが同時多発テロによって崩壊した直後、アメリカのラジオ局の一部で「イマジン」をかけることを自粛する動きがあった。このことについて池澤夏樹は次のように言う。「これはジョンの思想が強い力を持っていることを逆説的に証明するものだ。彼の考えを恐れるものがアメリカには今もいる」（Lennon and Ono, 1981；池澤訳、2001, 8；傍点は大石）。
　私自身がジョン・レノンの「イマジン」ないしはオノ・ヨーコに強い関心をそそられたのは、ずいぶん遅く、1990年8月に勃発したイラクによるクウェート侵略に対抗して、アメリカを中心とする多国籍軍が組織され、それらが軍事作戦を開始して後のことである。政治的な中立性ということでは一応の定評があったイギリスのBBCが、当分の間「イマジン」などの放送自粛を決めた、という新聞記事を見つけ、「たかがポップ・ソングなのに」と意外の感を抱いたのである。自粛の理由は、イギリス軍などが中東の砂漠で軍事作戦に従事しているとき、反戦を歌う「イマジン」などは控える

べきだというものであった。

1960年代、おかっぱ頭の4人組ビートルズ（The Beatles）は、世界中の若者を熱狂させた。しかし私自身は、とくにビートルズやジョンの歌を熱心に聞いていたわけではない。ジョンとヨーコが果敢に抗議したベトナム戦争には、私自身も大いにいきどおって、デモ隊の後にくっついて歩き、シュプレヒコールに加わったこともあったが、時おり目にする海外でのジョンとヨーコの奇矯な行動の写真には、「なんとまあ、とっぴょうしもない行動をする連中だろう」くらいにしか感じていなかったと思う。

しかし今回は違った。「イマジンの自粛」ということを聞いたとき、「この歌を人々に歌ってほしくない政治リーダーたちがいるんだ、人々に思い出させたくない事実があるんだ」と、直感したのである。改めて「イマジン」を聴きその歌詞を子細に調べてみると、ビンビンとくる歌詞の意味の深さに驚愕した。それが始まりであった。

それからはミュージック・テープを買い、それらはやがてCDに代わり、さらにジョンやヨーコ自身が書いた本、彼らを論じた本を買っては読み、彼らの心情に思いをはせた。アメリカやイギリスを訪れたときには、新本、古本を問わず、ふらりと書店に入り、ときには、私としては大枚をはたいたこともある。国内であれ、国外であれ、たまたまジョンの回顧展やヨーコの展示会（Exhibition）の情報を得たときは、可能な限り足を運んだ。それだけ、評価すべきものがあると確信したからである。

ジョン、ヨーコともに破格のアーティストであり、真摯で

ありながらユーモアとともになされた彼らの派手なパフォーマンスは、それがなされた当初は多くの人々から誤解され、ひんしゅくを買い、また当局からはしばしば差し止め、禁止の処分を受けた。私生活の面でも、彼らの率直な言動は毀誉褒貶さまざまである。しかしここでは、私生活などの詳細は伝記作者にまかせ、とくには彼らが作詞作曲したその歌詞を中心とする彼らのパフォーマンスに焦点をあて、それらの政治（学）的意味を探ってみよう。

　二人がそれぞれ作詞作曲した歌の数はおびただしい。ここで取り上げるのはそのほんの一部であり、とくには1968年ころからジョンが銃弾に倒れる（1980年末）よりかなり前、すなわちジョンが積極的にさまざまな形で政治にかかわっていたころまでのものである。彼らが活動したのは主としてイギリスとアメリカであり、したがって彼らが観察、経験そして参加した政治・社会事象は、当時のイギリスとアメリカという政治・社会環境の中で生じたものである。

　しかし本書では、日本の現代の政治・社会事象についてもしばしば触れることになる。ほぼ半世紀も前に、そして距離的にも遠く離れたところでの観察と指摘が、現代の日本の政治・社会事象にも充分当てはまるのである。それは、人間性や政治・社会事象に対する彼らの透徹した洞察と批判、そして時には痛罵がいかに普遍的であるかをものがたる。彼らの、もちろん十分に意識して行なった、アートとしてのパフォーマンスに対する全体的な評価は、アートの専門家にまかせよう。ここでは、ジョンとヨーコの音楽分野における活動としての歌詞の意味、それらに普遍的な深い意味を感じ取るとい

　　　　　　　　ジョンとヨーコの政治学

うことに専念する。そしてその限りで、彼らの独創的なパフォーマンスにも注目しよう。二人でなされた共同の活動からは、驚くべき深いメッセージを、今も、読み取ることができる。

　なおジョンとヨーコは、しばしば、私たちのまわりにあるさまざまな不条理を、私たちに意識させるべく、普通には使われない、上品とは言えない、あるいはさらに使用を避けるべき差別用語などを、あえて意図的に歌詞の中に歌い込んでいる。本書では、二人の意図を尊重して、それらの用語をそのまま表現している場合がある。この点は了解していただきたい。

1

「ハッピー・クリスマス（戦争は終わった）」
"HAPPY XMAS（WAR IS OVER）"

戦争終結を訴える

　ずっと以前、クリスマスも間近というころ、住んでいた町のはずれを歩いていると、パチンコ店から騒々しいゲーム音に交じって、聞き覚えのある音楽が聞こえてきた。なんとそれは、ジョンとヨーコの「ハッピー・クリスマス（戦争は終わった）」"Happy Xmas（War Is Over）"（1971）であった。クリスマス・シーズンであるからには、確かにそれも時宜を得ていたと言うべきかもしれない。しかしこの曲をかけている店の（あるいは有線放送の）スタッフは、この曲の深い意味を理解していたのだろうか。

　曲のタイトルは確かに "Happy Xmas" であり、人々は無邪気に、陽気に歌って楽しんでいいのかもしれない。しかしそもそも曲のタイトルには（　）がついており、その中には "War is Over" という、一見場違いな言葉が入っている。この歌がリリースされた当時は、まだベトナム戦争のさなかであり、アメリカ軍による南北ベトナムの人々と国土に対する爆撃は連日苛烈を極め、戦争は泥沼状態であった。

　ジョンとヨーコは、何の留保もなく無邪気に、陽気に、こ

の歌を作詞・作曲し、歌ったのではなかった。すでに1969年12月15日、彼らは "WAR IS OVER" と書かれた巨大な垂れ幕（およびポスターや広告版など）をアテネ、ベルリン、香港、ロンドン、ロサンゼルス、モントリオール、ニューヨーク、パリ、ポート・オブ・スペイン（トリニダード・トバゴ）、ローマ、東京、トロントなど世界の主要都市に掲げて戦争終結を訴えるキャンペーン活動を展開していた。このパフォーマンスのメッセージが、「ハッピー・クリスマス（戦争は終わった）」の歌につながるわけである。そしてジョンは、抗議と皮肉をこめて、その巨額に上ったキャンペーン費用の請求書を、無益で勝利が見込めないどころか、多大な犠牲を双方に強いている、ベトナム戦争を継続するリチャード・ニクソン（Richard Nixon）大統領に送りつけることを考えた（Beram & Borris-Krimsky, 2013, 100-101）。

　歌詞を詳しく見てみよう。ときと場合により、出だしで呼びかけている人の名は違っているのかもしれない。ある翻訳詩集では、ジョンがヨーコにまず "Happy Xmas, Yoko" と呼びかけ、ついでヨーコが "Happy Xmas, John" と、ジョンの名前を呼んでいることになっている（岩谷、1986, 38-9）。しかし、CDやYouTubeで聴いてみると、初めにヨーコがひそひそ声で、離婚した夫との間の娘である "京子" に呼びかけ、ジョンは離婚したシンシア（Cynthia）との間の息子ジュリアン（Julian）に呼びかけている（平田、1994、ではKyokoとJulianになっている；78-9）。

　　　　　　　　　　　　　　　　　ジョンとヨーコの政治学

Happy Xmas（War Is Over）

（John Lennon and Yoko Ono, 1971）

（YouTube "Happy Xmas（War Is Over）"）

Happy Xmas, Kyoko

Happy Xmas, Julian

クリスマスおめでとう、京子

クリスマスおめでとう、ジュリアン

　ヨーコは、2番目の夫アンソニー・コックス（Anthony Cox）との間に、1963年8月、長女京子を得ていたが、ジョンと出会ってコックスと離婚してのち、京子の親権をめぐってコックスと争っており、父娘で身を隠されて、その居場所を知りえない状況であった。『サムタイム・イン・ニューヨーク・シティ』（*Sometime in New York City*, 1972）というアルバムの中に、「京子！」"Kyoko！"と「心配しないで！」"Don't worry！"をくり返し絶叫する悲痛なヨーコの曲 "Don't Worry Kyoko" があるが、呼びかけはその心情からであろう[2]。他方でジョンも、先妻シンシアとの間のジュリアンのことを気にかけているのである。

　So this is Xmas

　And what have you done

　Another year over

　And a new one just begun

　And so this is Xmas

　I hope you have fun

The near and the dear ones

The old and the young

さあ、今日はクリスマスだ

あなたはこの1年、何をしてきただろうか?

また1年が過ぎ去ってしまった

そして新しい年がいま始まるよ

でも、今日はクリスマスだ

あなたも楽しんでいるかな

近しい人も愛する人も

年とった人も若い人も

　ジョンが伸びやかな声で、覚えやすいメロディーに乗って歌いだす。クリスマスといえば、とくにはキリスト教世界でもっとも大きな行事であり、老いも若きも、誰でもが楽しみにし、ウキウキとしてくる新年直前の時節である。ここまでは実に楽しいクリスマス賛歌である。

A very Merry Xmas

And a happy New Year

Let's hope it's a good one

Without any fear

楽しいクリスマスおめでとう

そして新年おめでとう

新しい年がなんの恐れも心配もない

喜びに満ちた年でありますように

　　　　　　　　　　　　ジョンとヨーコの政治学

透明感のあるヨーコの声が先導する、楽しそうな合唱である。しかしその中で最後の「恐れ」（fear）という言葉は何か不吉な予感を抱かせる。

And, so this is Xmas

For weak and for strong

For rich and the poor ones

The road is so long[(3)]

And so Happy Xmas

For black and for white

For yellow and red ones

Let's stop all the fighting

さあ、今日はクリスマスだ

弱い人も強い人も

お金持ちも貧しい人も

〔みんなが楽しめるようになるには〕道はまだまだ遠い

でも今日は楽しいクリスマスだ

黒人にとっても、白人にとっても

黄色い肌の人にとっても、赤い肌の人にとっても

すべての戦いを今はストップしよう

　ふたたびジョンが張りのある声で歌いだす。しかし今度は、詩にいささか深いメッセージが込められている。現実社会の中には、障害のある人、病弱な人、戦争や災害の被災者、不当な差別を受けたり、雇い主の下で理不尽に酷使されている人など、さまざまに弱者が存在する。他方で壮健な人、部下

をたくさん従え、人々の上に立って政治的影響力を振るう強い人、戦争で兵士に戦闘を命じる指揮官もいる。とてつもないお金持ちもいれば、日々の食べ物に事欠く貧しい人もいる。そんな格差がなくなって、すべての人が安心して平和に暮らせるような社会を現実のものとするには、道はまだまだ遠い。いまなお差別を報じられる黒人（アフリカ系アメリカ人）も、アメリカ社会で優越的な地位を占めてきた白人も、不当な差別を受けた歴史をもつ黄色い肌のアジア系も、西部開拓で何百万人もが殺害された赤い肌のネイティヴ・アメリカン（アメリカ・インディアン）も、今日はみんなでクリスマスを楽しもう。

戦争を終わらせるには

　2020年5月、アメリカ、ミネアポリスで起こった白人警察官による黒人殺害事件をきっかけに、2013年に始まったという黒人差別に抗議する「ブラック・ライヴズ・マター」（Black Lives Matter〔BLM〕：「黒人の命も大切だ」）の運動は、世界中に広がった。2020年9月、テニスの全米オープン女子シングルスで2度目の優勝を果たした大坂なおみは、決勝までの7試合、白人警官による暴行、銃撃などで死亡した黒人犠牲者の名前を書いた7枚のマスクをつけてコートに現れ、人種差別反対のメッセージを発信した。欧米のメディアは彼女の行動を称賛、大きく報道した[4]。

　そしてここ数年、中国が発生源とされる新型コロナ・ウイルスが世界的に蔓延するなか、アジア系の人々に対するヘイト・クライム（憎悪犯罪）がアメリカ各地で発生した。日本

でも、中国や朝鮮半島の人たちに対する執拗なヘイト・クライムがある。ジョンとヨーコは、半世紀も前に、このような人種対立などが引き起こす、いつまでもなくならない悲劇を憂慮していたのである。

　ジョンとヨーコがこの歌を作詞・作曲した当時は、ベトナム、中東、アフリカなど、戦争や戦闘は世界の各地で続けられていた。そこで二人は、「でも今は、とにかくすべての戦いをストップしよう」と歌い、そしてそれがきっかけとなって、すべての戦いが終結に向かうことを強く願ったのである。ジョンの歌声の背後では、"War is over, if you want it. War is over, nooo……ooow." というバック・コーラスがくり返し流れている。

　"War is over" とは、文法としては現在形であるが、その意味は「戦争は終わった」というものであり、実質、過去を表す。しかしこれには "if you want it"「もしあなたがそれを欲すれば」という条件文がついているわけで、そのあとの "War is over, now"「戦争は、もう、終わった」という言葉とともに、結局全体としては「もしあなたがそのことを強く望めば、戦争は今すぐにも終わるんだ」という意味になるだろう。つまりこの歌は、ベトナムをはじめとして、子供を含む犠牲者をたくさん出している世界各地の戦闘を、今すぐ止めさせようという強い意志を表すのである。

　現実には生じていない事象を、「それは起こる、起こった」と言葉（＝シンボル）でいえば、それに伴うイメージとともに、未然の事象はしばしば実際に起こる。社会学者ロバート・マートンは、資産健全な銀行に「支払い不能」つまり倒産の

うわさ（＝言葉）が人の口にのぼって、単なるイメージであったものが真実（reality）になってしまうという事象を、自己成就的予言（self-fulfilling prophecy）と名づけた（マートン、1961, 383-5）。また経済学および国際政治学者ケネス・ボウルディングは、同様の事象を自己正当化イメージ（self-justifying image）と呼んだ（Boulding, 1961, 124-5）。ジョンとヨーコは、戦争を終わらせるために、あえて「終わった」という過去を表す表現を使って、言葉のもつこの魔力に必死の期待を込めたのではないか[5]。

　あとはほぼくり返しであるが、ただ最初の節の2行目にあった "what have you done" が、今度は "what have we done" となっている。この自省的な表現は、ジョンとヨーコの上述のような意図を考えれば、単に「あなたはいかがでしたか」（岩谷、1986, 39）とか「どうだった」（平田、1994, 79）という意味だけではないのではないか。世界各地で続いている戦闘、また貧困や飢饉などで苦しんでいる人たちが大勢いるのに「あなたは、そして私たちは、それらを止めさせ、救済するために一体何をしてきたのだろうか」という詰問、そして深い反省の意味をもっていると解釈した方がよいと思われる。私たちは私たちの怠慢と不作為をジョンとヨーコに強く思い起こさせられるのである。

　もう1カ所、初めは "I hope you have fun" と、"I" が主語であったが、今度は "We hope you have fun" と、"We" が主語になっている。気にかけるほどのことはないと思われるが、ヨーコさらには合唱に加わっているニューヨーク、ハーレム地区のYMCA黒人児童合唱団（Harlem Communi-

　　　　　　　　　　　　　　　ジョンとヨーコの政治学

ty Choir）全員の意思を表そうとしたのかもしれない。そして最後は、バック・コーラスにあった "War is over, if we want it" と "War is over, now" の合唱が前面に出てきて、今度は "Happy Xmas！" という大勢の叫び声で終わるのである。

HAPPY XMAS / WAR IS OVER /VOCAL
LENNON JOHN WINSTON/ONO YOKO
© LENONO MUSIC and ONO MUSIC
Permission granted by FUJIPACIFIC MUSIC INC.
Authorized for sale in Japan only

1——ハッピー・クリスマス（戦争は終わった）

2

「平和にチャンスを」
"GIVE PEACE A CHANCE"

裸になることは真実に近い

　ジョンとヨーコは、「ハッピー・クリスマス（戦争は終わった）」のシングル・レコードを発表する以前に、多くの人々には理解されず、あるいは誤解されたけれども、ハデハデしい数々の戦争反対のパフォーマンスを実践してきた。彼らは結婚式を英仏海峡上のフェリーであげるつもりであったが、ヨーコのビザの関係でそれはできなかった。1969年3月20日、マスメディアの注目を浴びるなか、ジョンとヨーコはスペインの南端にあるジブラルタル——それはイギリスの植民地である——で結婚式を挙げたが、その5日後にハニー・ムーンでアムステルダム・ヒルトンに移動した。

　そして二人は、ホテルの彼らのベッドで「あるハプニングが起こる」と宣言した。アムステルダム警察は、そのようなハプニングが起これば、直ちに行動すると警告を発していた。当日、50人もの報道関係者がホテルの二人の部屋の前に詰めかけた。ジョンはこの時のことをこう言う。「連中は僕たちがベッドでメイク・ラブすると思ったもんだから、われさきに部屋の中に入ろうとしてもみ合った。彼らはてっきりそ

う思ったんだよ」。ヨーコも「ったく！　なんでそんなふう
に考えるんだろう？」（Wiener, 1984, 88）と言ったが、彼ら
には実は前科があった。

　初めて二人が一緒に夜を過ごした時の共作アルバム『未完
成作品第1番：トゥー・ヴァージンズ』（*Unfinished Music
No.1. Two Virgins*）は、1968年11月にリリースされたが、
かねてから反戦・反体制のさまざまな活動を展開する新左翼
の人たちを監視していたJ・エドガー・フーバー長官指揮下
のFBIと司法省の判断で、アルバムはアメリカで発売直後に
販売禁止となった。野鳥のさえずりや電子音に加えて、ヨー
コの奇声やジョンの声などが混じる、前衛的な試みに満ちた
このアルバム・ジャケットには、前向きの二人の完全ヌード
の写真があったのである（日本ではこのジャケットは隠され
て発売されたらしい（ウィキペディア「ビートルズ・ヒスト
リー：1968年後半」〈2022年1月〉）。

　ロンドンの新聞はジョンを容赦なく叩き、ジョンの変わり
ようをヨーコのせいにした。ヨーコの叩かれ方はさらにひど
く、ビートルズのファンたちは、彼女に人種差別的な言葉を
投げつけた。彼らのパフォーマンスについてはしかし、ジョ
ン・ウィーナーの解釈は好意的である。

　「マスメディアは予想通り憤激したが、ジョンは穏やかに釈
明した。『われわれは確かに完全にスッポンポンだった』。し
かし『われわれにはそれがまったく自然だったんだ』。……二
人に隠し立てするものは何もなく、彼はただ裸の真実を語り
たかったのである。何世紀もの間、裸になるということは、
真実になるということを意味してきた。ルソーもマルクスも、

裸ということを嘘や迷妄がないということのメタファー〔比喩〕とみなしてきた。いまジョンとヨーコは、このラディカルな伝統に連なったのである。ジョンは、このカバーは『見なさい、これは二人の人間だ——われわれが何をしたっていうの?』といってるんだ、と説明した」（Wiener, 1984, 84；傍点は大石）。

　また、ジャン・ウェナーの評価はさらに率直である。「……ジョンとヨーコは、それらの写真で重要なこと、すなわち彼らの関係そして互いに対する愛情という点で、彼らは生まれ変わり、再び無辜（むこ）になったということを訴えていたのだ。彼らは人々に、ビートルというジョンの過去を忘れて、彼らがどういう人間であるかを受け入れてもらいたいと思ったのである。ジョンとヨーコはまた人々に、彼らを丸ごと、彼らのセクシュアリティを含めて受け入れて欲しい、さらにセックスは悪ではなく美しいということを理解して欲しいと願ったのである」（Wenner, 1995, 19）。

　ともかく、過去にこのような出来事があったがゆえの騒動であり、ジョンは「僕たち、裸になったことがあったからね。裸、ベッド、ジョンとヨーコ、セックスという連想なのさ」（Wiener, 1984, 88）とからかった。実際は、報道陣が部屋になだれ込んできたとき、ジョンとヨーコはパジャマを着てベッドに横たわっていた。「おあいにく様だったね。われわれ、人前（ひとまえ）でセックスなんかしないよ。それって、すごくプライベートなことじゃないか」（Wiener, 1984, 88）。人を食ったジョンの発言であった。

　しかしジョンとヨーコのこのパフォーマンスは、メディア

や人々が考えたような、単に冗談とか目立ちたがりということからきた行為ではなかった。ジョンは、1週間ベッド・インを続けると言い、それは「世界のすべての苦痛と暴力に対する抗議である」と宣言した（Wiener, 1984, 88）。破天荒なパフォーマンスでいつも人々を仰天させる彼らを、メディアはつねに追いかけていた。ジョンとヨーコは、それを逆用して自分たちのメッセージを伝えようとしたのである。衆人環視の中で、彼らは自分たちの思うところを主張し、人々もそれについて意見を述べるよう促され、議論は1日10時間も続けられた。

　ジョンとヨーコは、ベトナムへの猛爆が続けられている現実に対し、単にプラカードを掲げて反対を叫び、時たま警官と小競り合いをくり返す普通のデモでは、あまり効果がないことを憂慮していた。ジョンは言う。

　「〔アメリカ大使館がある〕ロンドンのグロスヴェノ広場（Grosvenor Square）でやるデモ行進は、もみ合いや暴動があったとしても、単に新聞ダネになるだけだろ。私たちは、抗議の方法にはいろんなやり方があるんだということを人々に伝えるために、アムステルダムでベッド・インをやったんだ。平和のための抗議だったわけで、しかも平和的に……。つまり平和は、平和的な方法によってのみ確保できると思うからさ。圧倒的な武力をもつ体制側と闘うのは、賢いやり方じゃない。彼らはつねに勝つし、今まで何千年も勝ち続けてきているじゃないか。彼らは暴力のゲームの戦い方を知っているんだ。だけど彼らはユーモア、とくに平和的なユーモアには、どう対処していいか分からないんだ。それこそが私た

ちのメッセージだったんだよ」（Wiener, 1984, 89）。

　ヨーコもまた、自分たちにとって他の方法で戦争に抗議することは実際上不可能であるという理由で、彼らのベッド・インを弁護した。「私たちがトラファルガー広場（Trafalgar Square）に姿を現したら、暴動になってしまう。パレードやデモ行進の先頭を歩いたらサインを求める人々が殺到するわ。私たちは私たちにできる抗議のやり方を見つけなきゃいけないの。だから当面、ベッド・インがもっともロジカルな方法なの」（Wiener, 1984, 89）。

　ベッド・インを取行したジョンとヨーコに、あるインタビューアはしつこく食い下がった。「ほとんどの人は〔あなたたちの行為を〕あざ笑っていますよ。真面目には受け取っていません」。これに対して「真面目にとられないように、というのはある意味僕らの意図したことさ」とジョンは答えた。ジョンとヨーコの自覚は明確であった。

平和のパフォーマンス

　「われわれの反対勢力は、……ユーモアをどう扱っていいかわからないみたいだ。そして僕たちはユーモアで対決してるんだ。僕たちはローレルとハーディ〔Laurel and Hardy：やせたローレルと太ったハーディというアメリカのお笑いコンビ、喜劇俳優：1920〜40年代にかけて活躍した〕なんだ。僕たちはそんなふうに装うことによって有利な立場に立てる。キング牧師やケネディ、そしてガンディらのような真面目な人たちはみんな暗殺されちゃったじゃないか」

　インタビューアはさらに尋ねた。「もしあなたに何か起

こったならば、どのように記憶されたいですか？」ジョンは「偉大な二人のピースニク〔平和をさけぶ人たちを揶揄する言い方〕として」と言った。「あなたの音楽より以上に？」ジョンはためらうことなく「もちろん」と答えた（Wiener, 1984, 91；傍点は大石）。ジョンとヨーコの平和への情熱はユーモアを含みながら、かくも誠実で真剣だった。「ヨーコと僕は喜んで世界のピエロになるよ。もしそうなることで、何か良いことが起きるというなら。……人々によく知られているというだけで彼らは記事にしてくれる。そして僕は平和を主張してるんだ」とジョンは言った（Hansen, 1995d, 168；傍点は大石）。

ベッド・インは、彼らにとって実現可能な抗議方法としてとられた奇抜な平和活動ではあったが、彼らにはそのような行動に走る真面目でラディカルな基盤があった。「とくにヨーコは、パフォーマンス・アートとラディカルな政治を結びつけるために、アーティストとしての自分の背景、業績を利用した。彼女とジョンは、アヴァンギャルドの無政治的ないし反政治的な側面を、何らかの方法——それは、とくにはこれまでの抗議デモ一辺倒の方法を超えて、ラディカルな政治行動をヨリ自由なものにする——で克服することを探し求めていた」（Wiener, 1984, 89）。つまり彼らのベッド・インは、新左翼のこれまでの対メディア政策や平和運動に飽きたらず、抗議行動に人々の目を惹きつけるユーモアを交えた新しい工夫をもたらそうとする試みであった。新左翼あるいは反戦活動に携わる多くの人たちは、新聞やテレビは大企業であり、必然的に、労働者階級（working class）の意識を支

配しようとする上流階級の手段として機能する、と考えがち
であった。ジョンとヨーコは、彼ら自身マスメディアの渦中
にいながら、有名人であるという彼ら自身の立場を利用しつ
つ、ラディカルな政治行動に新しい参加者を呼び込もうとア
イディアを凝らしたのである（Wiener, 1984, 89-90）。

　この平和へのパフォーマンスは、ジョンとヨーコの積極的
な協働の結果であったが「レノンはこのようなパフォーマン
スが主としてヨーコのアイディアであることを強調した。そ
れは政治的なデモンストレーションであると同時に、演劇的
なシーンでもあった。ヨーコがこのシーンのプロデューサー
であるとしたら、あのように大勢の若い人たちが彼に熱狂し、
彼のメッセージを真面目に受け取り、そしてメディアは彼の
メッセージをあれだけ熱心に伝えたのだから、レノンはこの
シーンで主役を演じたのである」（Hansen, 1995d, 168）。

　マスメディアの注目を集めた彼らのベッド・インは、反戦
の運動として効果的であったか。マスメディアの取り上げ方
は大いに興味本位であったし、穏健なリベラルや、よりラ
ディカルな直接行動を志向する人たちからはその有効性につ
いて疑問の声が上がった。「多くの人たちは、私たちはク
レージーだと言い、どうしようもなく落ち込んだ。大したこ
とはできなかったかもしれない。世界を変えることはできな
かったかもしれない。反応が得られなかったのですごく悲し
かった。しかし年の終わりにかけて、素敵に美しい反応がど
んどん帰ってきた。そしてそれが私たちに希望を与えてくれ
た」（Wiener, 1984, 90）。ジョンとヨーコは、ベッド・イン
している彼らのベッドの背景にある大きな窓に「ベッド・

　　　　　　　　　　ジョンとヨーコの政治学

ピース」（BED PEACE）という張り紙とともに、ふざけて「ヘア・ピース」（HAIR PEACE）（ピースの発音が同じヘア・ピース（HAIR PIECE）と掛けたダジャレであろう）という言葉も掲げていた。

　さらにジョンはこのとき、ビートルズ時代のおかっぱ頭を止め、肩まで髪を伸ばし髭もはやしており、壁には「髪を伸ばせ」（Grow your Hair）の貼り紙もあった（コールマン、下、1985、の扉写真を参照）。ジョンの説明はこうである。

　「アムステルダムでのベッド・イベントとウィーンでのバッグ・イベント〔Bag Event（=Bag-In）後述〕は、抗議の方法にはいろんな方法があるということを人々に示すためだった……。誰でも、平和のために髪を伸ばすことはできるし、平和のために1週間の休暇をあきらめることも、平和のために袋のなかに坐り込むこともできる。それらはともかく暴力への、しかし平和的になされる抗議なんだ」（Hansen, 1995f, 179）。彼らがあげた反応の一つはこう言う。「アムステルダムでのあなた方のイベントを見て、僕はイギリス空軍に志願するのをやめました。僕はいま髪を伸ばしています」（Wiener, 1984, 90）。ジョンとヨーコによる反戦平和の活動は、イギリスの若者たちにだけでなく、海を越えてアメリカの若者たちにも大きな影響を与えていた（Cf. 油井、2019）。71年9月から二人はニューヨークに移り住み、アメリカ本土で反戦、反政府活動を始めることになる。ニクソン政権が彼らの活動に脅威を感じていたことは、ジョンに対して滞在ビザを許可しなかった事実、そしてFBIが彼を執拗にマークしていたことからも明らかであろう。

平和のためのドングリ作戦

　アムステルダムでのベッド・インのあと、イギリスに戻ったジョンとヨーコは、「平和のためのドングリ」（Acorns for Peace）作戦を始めた。実は彼らは1年前の1968年6月、一緒に活動することを決めてから初めてのイベントとして、イングランド中南部にある都市コヴェントリーの大聖堂（Coventry Cathedral）の庭に、ジョンとヨーコの不倫愛を忌避する司教の意地悪に抗して、2個のオーク〔ナラ〕のドングリを植えていた（Hansen, 1995b）。それらは、東西冷戦のさなか、平和をシンボライズするために、1個は日本に向けて東向きに、もう1個はイギリスを代表させる西向きに、世界彫刻展出品作として置かれた円形のベンチに囲まれた中に植えられた。彼らはその彫刻ベンチに "Yoko by John, John by Yoko – This is what happens when two clouds meet"（「ジョンあってのヨーコ、ヨーコあってのジョン─ふたつの雲が出会うとき、こんなことが起こる」）と刻み付けた。

　二人は、『ジャングル・ブック』で知られるイギリスの小説家・詩人ラドヤード・キプリングの格言「東は東、西は西、二者永遠に相まみえず」をくつがえして、東側と西側の世界の平和的な統一を願ったのである（コールマン、下、1985, p.55. & 296）。5年後の1972年、ジョンは「きみは　ここにいる」"You are here" の中で、「海を越えて、3000マイルも離れた東洋の女と西洋の男が出会った　東は西、そして西は東になった　この出会いを実らせよう」と歌った（"East is west and west is east　Let it be complete"）。著名人の

　　　　　　　　　　　　　　　ジョンとヨーコの政治学

彫刻とはみなされなかった作品のアイディアは、人々はその鉄製のベンチに座り、ドングリが緑豊かな大木に成長するのを見て考えにふけることができる、というものであった。しかしドングリは、2〜3日後にはファンか誰かに盗まれたらしい。

　そこでジョンとヨーコは、1969年12月に再びそのキャンペーンを企画したのであるが、今度は彼らが思いつく限り世界中のすべての国家リーダーたちにドングリを送り、平和のシンボルとしてドングリを植えるよう依頼した。ここにはむろん、砂漠化・温暖化が進む世界の環境問題への先駆的な強い関心がある。大半は無視されたようであるが、ただ2人だけ、カナダのピエール・トリドー首相とイスラエルのゴルダ・メイヤー首相はそのドングリを植えた（Athey：Blog "Sing My Heart, Speak My Mind：Acorns For Peace"〈July, 2009〉；Wiener, 1984, 91）。69年といえば、日本では「沖縄返還」を自らの政治課題として掲げた佐藤栄作内閣の時期であるが、佐藤首相はドングリを植えたのだろうか？[6]

　アムステルダムに続き、ジョンとヨーコは "War is over" キャンペーンをもっとも強く訴えたかったアメリカでベッド・インを敢行しようとした。しかし、ジョンの人気と若者への影響力を恐れるニクソン政権の移民局（immigration office）は、ジョンの入国ビザ要求を拒否した。彼らはやむなく、アメリカのメディアに一番近い都市としてカナダのモントリオールを選び、同じ年の5月25日から6月2日まで、ホテル（Queen Elizabeth Hotel）で2度目のベッド・インを実行し、60以上ものラジオ・インタビューを受けた。

ベッド・インに先立つ数週間前、ハーバード大学やバークレイの学生たちはベトナム戦争反対のストライキを実行しており、ベッド・イン中には、大学・警察と衝突したバークレイの学生の中に死者も出た。

ジョンは言った。「学生たちは騙されているんだ。……体制というのは害悪の代名詞だよ。その怪物は血も涙もなく、とても正気とは言えない。私たちは命のことが気がかりだ。破壊は体制側にとっては思うつぼだよ。彼らがコントロールできない唯一のものは心（mind）なんだから、私たちは正気と平和のために、そのレベルで戦わなくちゃいけないんだ。学生たちは暴力でもって体制を変えられると思わされているけれど、それは不可能だ。事態を一層泥沼化させるだけだよ」（Wiener, 1984, 93）。不正義や暴力に果敢に挑戦した非暴力、抵抗の思想を十分にジョンが理解していたかどうかは別として、ジョンの自覚は確固たるものだった。

平和にチャンスを

モントリオールでのベッド・イン最後の6月1日、ぎっしりと人が詰まったホテルの部屋で、ジョンは新しい歌「平和にチャンスを」"Give Peace A Chance" を紹介した[7]。ビートルズを離れて最初に作曲したその歌のレコーディングでは、ヨーコ、ディック・グレゴリー（Dick Gregory：公民権運動活動家、企業家、コメディアン）、ティモシー・リアリー（Timothy Leary：ハーバード大学の心理学者；カウンター・カルチャーやドラッグに詳しい）、トミー・スモザーズ（Tommy Smothers：米コメディアン、作曲家、

　　　　　　　　　　　ジョンとヨーコの政治学

musician、音楽コメディ・デュオ、スモザーズ・ブラザーズ（Smothers Brothers）の相方：“Give Peace a Chance”のレコーディングで、ギターを伴奏；歌の中にも名前が出てくる）、マリー・ザ・ケイ（Murray the K：ロックンロール・コンサートなどの主催者、ディスク・ジョッカー）、その他キリスト教関係の司祭たちなどが伴奏、合唱をつとめた。

Give Peace a Chance (John Lennon, 1969)[8]
（YouTube "Give Peace A Chance"）
Everybody's talking about
Bagism, Shagism, Dragism, Madism,
Ragism,Tagism,
This-ism, that-ism, is-m is-m is-m
All we are saying is give peace a chance
All we are saying is give peace a chance

辞書にない言葉

　ある訳詩ではタイトルは「平和を我等に」となっているが、そのまま「平和にチャンスを」と訳してもよいだろう。誰もがしゃべっているとして冒頭にもってきたのはバギズム“Bagism”という言葉であるが、もちろんこんな言葉は辞書にはない。これは“bag”つまり「袋」という言葉からジョンとヨーコがつくったものである。このバギズムには、ある深い哲学的ともいうべき意味合いがあるが、それについてはすぐ後で触れるとして、まずはそのほかの言葉を検討してみよう。といっても、以下の言葉も、ワープロで打つとすべて

に赤の波線がつく。つまり辞書にはないわけで、韻を踏みつつジョンが言葉遊びで勝手に作り出した造語や、当時よく使われていた言葉のオンパレードであるといっていい。したがってここでは詩を訳すことにあまり意味はないと思われるので、いくつか気のつく点だけを書き留めることにしよう。

　最初のこの節では、くり返されるテーマ「平和にチャンスを与えよう」という行の前に"This-ism, that ism, is-m is-m is-m"という行がある。平田（1994, 10）の訳詩集では説明は一切ないが、この行だけは意味ある解釈ができそうだ。すなわち人々の意見や主張は「こっちが正しい」"This-ism"、いや「あちらの意見の方が正しい」"That-ism"としばしば対立する。東西冷戦あるいは社会主義陣営内の対立を思い出すまでもなく、共産主義"Communism"、社会主義"Socialism"、資本主義"Capitalism"、リベラリズム"Liberalism"、ナショナリズム"Nationalism"など、それぞれの政治的立場を主張するグループ間の対立は、しばしば暴力を伴い、戦争にまで発展する激しいものになりがちである。それらの、対立を引き起こす立場にはすべて"……ism"という語句がついている。だからそれらを総称して「主義・主義」"is-m is-m"と呼んでやれ。すなわちこの言い方は、立場の違いを乗り越えて「平和にチャンスを与えよう」というメッセージを伝えるべく、皮肉をこめた表現なのである。

言葉遊びの狙い

Everybody's talking about

Ministers, Sinisters, Banisters, and Canisters,

　　　　　　　　　　　　　ジョンとヨーコの政治学

Bishops and Fishops, Rabbis and Pop-eyes, Bye bye,
bye byes
All we are saying is give peace a chance
All we are saying is give peace a chance

　この節の2行目以降で特徴的なのは、聖職者という意味が
ある "Ministers" から始まってすべての単語に "……
nisters" という語尾がある点で、ジョンがそのような言葉遊
びをしているということであろう。そのほかはイギリス国教
の「主教」、カトリックでは「司教」を意味する "Bishops"
という言葉や、「ユダヤ教の宗教的指導者」を意味する
"Rabbis" という言葉もあり、つまり総じてこの節は、「正
義」とか「善」とか「調和」を説きながら、さらにはしばし
ば「悪」や「罪」「地獄」などの概念で脅迫しつつ、実際に
は対立を克服できない宗教の世界を揶揄しているようである。
したがってそれらすべてとは、この際 "Bye bye, bye byes"
お別れして、宗派を越えて「平和にチャンスを与えよう」と
いうメッセージだけに注目しようというわけである。

Let me tell you now
Everybody's talking about
Revolution, Evolution,
Masturbation, Flagellation,
Regulations, Integrations,
Meditations, United Nations,
Congratulations

All we are saying is give peace a chance
All we are saying is give peace a chance

　この節はかなり政治を意識している。ジョンはビートルズ時代にポールとの連名で「革命」"Revolution"（1968）という歌を作詞作曲していた。しかし新左翼あるいは迅速な時代変化を望む若者たちは、「破壊」"destruction" を避けようとするジョンの歌の〝生ぬるさ〟に、飽き足らなさを感じていた。時代は実力行使を不可避とするラディカルな雰囲気に満ちており、"Revolution" そしてその結果としての「進化」"Evolution" が声高に語られていた。そこに突然何を思ったか「マスターベーション」"Masturbation" がくる。若者の間では確かに必須であり、話題にもなるだろうが、仰天させられる。平和運動をやるにしても、辛気臭くなくユーモアをもってやろうぜというジョンの、まあ悪ふざけであろう。

　イスラム教信仰の強い国では、今でも「むち打ち」"Flag-ellation" の刑が時にあるらしい。そのようなことが話題になっていたのだろうか。環境問題に限らず銃やドラッグ、そして表現の自由など、社会生活の公平と快適さ、安全と秩序に責任をもつ政府は、さまざまな分野で適切な「規制」"Regulations" をかけねばならず、それはしばしば既得権者の抵抗を引き起こす。鋭く対立する利害関係者の間に、バランスの取れた「統合」"Integrations" と「調整」は必須である。一時的な興奮を静める「瞑想」"Meditations" も時には必要であろう。そこに「国連」"United Nations" が出てき

ジョンとヨーコの政治学

て「おめでとう！」"Congratulations!" といくかどうか。しかし最後はやはり「平和にチャンスを与えよう」というメッセージがくり返される。"……tion（s）"の語尾をもつ単語を次々にくり出すこの節は、韻を踏んでいるとはいえ、支離滅裂ともいわれそうであるが、そこがまた面白い点でもある。

Oh, let's stick it
Everybody's talking about
John and Yoko, Timmy Leary, Rosemary,
Tommy Smothers, Bobby Dylan, Tommy Cooper,
Derek Taylor, Norman Mailer, Alan Ginsberg,
Hare Krishna, Hare Hare Krishna
All we are saying is give peace a chance
All we are saying is give peace a chance
…… refrain（くり返し）

　ここでは、ホテルの部屋に集まって一緒に歌ったり伴奏したりした人たちに加えて、その場にいなかった有名人の名前も次々にあげられる。ジョンとヨーコ、Timmy〔Timothy〕Leary（p.20参照）、ローズマリー（Rosemary：ブラジル出身の歌手：フランスを拠点に活動、ジョンの歌をカバーしている）、Tommy〔Smothers〕（p.20参照）、ボブ・ディラン（Bobby Dylan：アメリカのシンガー・ソングライター；2016年、ノーベル文学賞を受賞）、トミー・クーパー（Tommy Cooper：イギリスのコメディアン、手品師）、デ

レク・テイラー（Derek Taylor：イギリスのジャーナリスト、レコード・プロデューサー：初期ビートルズの秘書役を務めた）、そこにはいなかったノーマン・メイラー（Norman Mailer：アメリカの著名な作家）、アレン・ギンズバーグ（Alan〔sic〕Ginsberg：アメリカの著名な詩人、作家、反体制活動家）など。さらにハレ・クリシュナ（Hare Krishna：ヒンズー教系の宗教組織）や、ベトナム戦争反対を主張する他の宗教関係者も多数ホテルの部屋に集まってきていた。そして最後には、"All we are saying is give peace a chance"の歌詞が、全員でくり返し歌われるのである。

　世界中いたる所で、さまざまな機会にひびいたこの歌は、人種差別への抗議であったジョーン・バエズ（Joan Baez）の「私たちは勝利する」"We Shall Overcome"とともに反戦デモの〝聖歌〟となり、ベトナム戦争終結への大きな力となった。1981年、フォークの大御所ピート・シーガー（Peat Seeger）は「ある人々は、単に『平和にチャンスを与えよう』というより以上のことを主張したかったに違いない。しかし他方で、多くの人々が異なる立場から同じ結論に達した時、歴史は動いたのである。そしてこの歌はまさにその共通分母を提供したのであり、このことは疑い得ない」と述べた（Wiener, 1984, 98）。ひるがえって現代の日本、2015年9月18日、これまでの憲法解釈を変えて集団的自衛権の行使も可能とした、いわゆる安全保障関連法の成立阻止を願うデモが国会を包囲した時、デモ隊のなかには"Give Peace a Chance"のプラカードがいくつか見えた。ジョンとヨーコの精神は今でも、そして日本でも受け継がれているのである。

　　　　　　　　　　　ジョンとヨーコの政治学

バギズムの実践

　さて前述の「バギズム」"bagism" の問題に帰ろう。ジョンとヨーコは、アムステルダムでのベッド・インのあと、ウィーンに飛び、ホテル・ザッハー（Hotel Sacher：ケーキやチョコレートで有名なホテル）で記者会見したが、その時彼らは奇想天外なバギズムを実践し——二人は袋の中でチョコレート・ケーキをたべていた——、さらに1969年6月のデビッド・フロストとのインタビューでその思想を明らかにした。

　バギズムとは、平和を進展させ、さらに各種の偏見を一掃するキャンペーンの一環として展開されたもので、実際に体全体が入る大きな袋をかぶってしまうパフォーマンスである。その意図は、人々がもつ偏見やステレオタイプを皮肉り、それを取り去ってしまおうというものである。

　ジョンとヨーコによれば、袋の中に入ることによって人は、他人からその肌の色、性別、年齢、髪の毛の長さ（ジョンは髪を伸ばしていた）、服装その他あらゆるそのような属性によって判断されることはなくなるだろう、だから人々は何の偏見もなく人々とコミュニケートでき、その状態が一つの「完全なコミュニケーション」"total communication" の形として現れる。人の外面的な特徴に注目するのではなく——見えるのはただ袋だけなので——、それに代えて、袋の中にいる人の声を真剣に聴く人は、その「バギスト」"bagist"のメッセージの内容にのみ注目することになる。そしてジョンとヨーコは、それを「完全なコミュニケーション」と呼んだわけである。（Wiki "Bagism"：June, 2023）

ビートルズの人気が高まりつつあり、お互いはまだ知る由もなかった1962年、ヨーコは、「物を袋で包み込む、人が袋の中に入る」（Bag Piece；Bag Performance；Bag-In）というパフォーマンスを、すでに前夫コックスと実演していた。ヨーコの指示により、彼ら二人は黒い袋の中に入り、衣服を脱ぎ、また着る。そのあと袋から出て舞台から退場する。それは、「二人の実際の動きは観客からは見えないので、彼らは観客の想像力を刺激する」（Hansen, 1995f, 176）というわけである。ここには倫理的な意味合いはほとんどなく、それはただ「袋のなかの裸になった二人のもぞもぞとした動きから、あなたは何を想像しますか？」と、いわば観客をおちょくっている。

　バギズムのアイディアは、おそらくは最初はヨーコからきている[9]。すなわちヨーコは、ジョンと知り合う以前、一部のアーティストからは注目されていたものの、とくにイギリスでは無名に等しかった。政治問題に強い関心をもっていたジョンという大スターとの結婚は、もともとは非政治的でアヴァンギャルドなヨーコのアートに、ジョンのラディカルな政治的メッセージを合体させることとなり、その結果二人のイベントやパフォーマンスは人々を仰天させ、時にはあざけりの対象ともなった。

　ヨーコはビートルズを解散させた原因とされ、イギリスの新聞やビートルズのファンからは「あの小さな東洋女は誰だ？」「ジョンを変えたあいつは魔女か！」など、散々に叩かれ、また憎まれた。そこには東洋人に対する人種差別的な偏見に加えて、女性に対する侮蔑という二重のいじめがあっ

た（Wiener, 1984, 85）。しかしそれは、ヨーコが袋に入ってしまえば消えるものでもあった。

　同時に他方で、バギズムのアイディアはジョンにとっても、好都合であった。熱烈なファンやメディアにいつも取り囲まれるジョンは、「自分がポップ・スターであるがゆえに、彼のメッセージが真剣には受けとられていないことに気づいた。もし彼が自分の話を聞いてもらおうとすれば、彼は自分自身を隠さねばならなかった。さまざまなバッグ・パフォーマンスで、彼とヨーコは、誰が話しているかとは無関係に、重要なのはメッセージの内容であるということを示したかったのである。彼らは、外見——もちろん人種差別を含む——に基づく偏見を厳しく批判した」のである（Hansen, 1995f, 179）。

　ジョンは言う。「黒人がBBCに就活に行くとき、彼は袋をかぶらなくちゃいけないと想像（imagine）してみなさいよ。そのときBBC側は応募者がどんな肌の色かわからないし、はじめっから偏見のもちようがない！」（Coleman, 1985, 331）。1971年、マイケル・パーキンソンとのインタビューでのジョンの答えである。こうして、バッグにかかわる最初のアイディアはヨーコであるにしても、おそらくはジョンと協働するようになって以降、バギズムには倫理的・哲学的な意味合いが付加されるようになった。

　ところでこの奇想天外なバギズムというアイディアは、アメリカの哲学者ジョン・ロールズ（John Rawls）の奇妙な概念「無知のヴェール」"the veil of ignorance" を思い起こさせないだろうか。ハーバード大学で政治哲学を教えたロールズは、1971年、画期的な『正義論』（*A Theory of*

Justice）を出版した。そのことにより、それまで実証的な
データを重視する経験的分析に押されていた、正義とか善を
議論する道徳哲学ないしは規範的分析が息を吹き返し、復活
した。

　ロールズの正義論は、社会における人々の権利と義務を規
定する諸原理の解明、そして人々の社会的協働から生じる便
益と、それを生み出すための負担、それらの公正な分配（負
担の場合には分担）という問題に焦点を合わせる。人々はま
ず最初に、ロールズのいう「原初状態」（the original posi-
tion）において、そのような課題を確保できる正義の諸原理
を選択しなければならないが、その際人々は「無知のヴェー
ル」に覆われているとする。その結果、原初状態における
人々は、正義の諸原理を選択しようとするとき、社会におけ
る自分の地位や身分、もって生まれた知性、体力、体の特徴
などをお互いに知りえない。

　つまり「無知のヴェール」に覆われた人々は、コミュニ
ケーションを通じて合意に達しようとする相手が、どのよう
な人なのかを知ることができない。だから相手も自分と同等
な、すなわち互いに平等な人間であると想定して——東洋人
であろうと、女であろうと、黒人であろうと、イスラム教徒
であろうと——、相手の発するメッセージの内容・価値にの
み注目することになる。われわれを取り巻く不確実性のゆえ
に、コミュニケートする相手に、まずは対等に接しなければ
ならないというわけである。そのようにして初めて、正義の
諸原理は人々によって適切に選択されるのである（Rawls,
1971, Part 1）。

ジョンとヨーコの政治学

ジョンとヨーコは、その状態を彼ら自身の言葉で「完全な
コミュニケーション」と呼んだのではないか。二人のウィー
ンでの会見（1969年3月31日）は、ロールズの著書が出版
される以前のことであるから、彼らがロールズの著書を読ん
だはずはない。しかしジョンとヨーコは、直感的にロールズ
の理論の“核”を感じ取り、奇抜なパフォーマンスとして実
践したのであろう。実際二人はこのバッグ・イベント（bag
event）を、以後さまざまな場面で実行するのである⁽¹⁰⁾。

　そして“Give Peace a Chance”の中では、“…ism”を、
特定の一方的立場を主張し、対立を招きかねないとして批判
したにもかかわらず、自分たちの“bag-ism”は正義にかな
うとして、すなわちいささか矛盾をはらみながらも、そして
そのことは十分に意識しつつ、平和と平等を担保するユート
ピアを、歌に加えてさまざまなパフォーマンスによって主張、
展開していくのである。「無知のヴェール」は、ロールズに
おいてあくまで理論上のフィクションであった。しかしジョ
ンとヨーコは、それをバギズムというリアルな形として実践
してみせたのである。

GIVE PEACE A CHANCE
John Lennon
© 1969 Sony Music Publishing (US) LLC. All rights administered by Sony Music Publishing (US)
LLC., 424 Church Street, Suite 1200, Nashville, TN 37219. All rights reserved. Used by
permission.
The rights for Japan licensed to Sony Music Publishing (Japan) Inc.

3

「労働者階級の英雄」
"WORKING CLASS HERO"

MBE勲章をめぐって

ジブラルタルで挙げた結婚式、アムステルダム・ヒルトンでのベッド・イン、ウィーンでのバギズムの実践と解説、平和運動のためのドングリ作戦など、マスメディアを惹きつける二人の生き生きとした活動は、ビートルズ解散以前でもあり、レノン・マッカートニーの連名で「ジョンとヨーコのバラード」"The Ballad of John and Yoko"（YouTube）の中でコミカルに歌われている。早く軽快なテンポが、二人の当時の生活のあわただしさを感じさせつつ、歌詞の中にbed、peace、chocolate cake、bag、acornsなどの語句が織り込まれているのである(11)。

しかしこの歌の中では、「キリスト」ではなく「やれやれ；ゲッ；とんでもない！」とでも訳せる "Christ！" という語とともに、"The way things are going they're going to crucify me" という歌詞が何度も繰り返される。これは「この様子じゃ、連中は俺をはりつけにでもするつもりだぜ」などと訳すことができようが、このような言葉づかいのせいか、オーストラリア放送委員会は冒瀆的であるとしてこの歌を放

ジョンとヨーコの政治学

送禁止処分にした（コールマン、下、1985、348；秋山、2008、93-5）。しかし、マスメディアや世間から叩かれ続けるジョンにとっては、この詩句は本音でもあったろう。

1962年、"Love me do" でデビューし、翌年にアルバム『プリーズ、プリーズ、ミー』（*Please Please Me*）が発売されて以来、イギリスのみならずアメリカでもヒットチャートを快進撃するビートルズは、『ビートルズがやって来るヤァ！ヤァ！ヤァ！』（*A Hard Day's Night*）などの映画でも人気を博した。コンサートでの大観衆を収容するためには、しばしば野球場が使われることにもなった。ヨーロッパ、アメリカだけでなく、香港、オーストラリア、ニュージーランド、日本、フィリピンなど、コンサート開催は世界各地にわたり、世界中の若者がビートルズに夢中になった。

1964年11月、ビートルズは王室御前コンサート（Royal Variety Performance）でも公演したが、それは、伝統と格式を重んずるイギリスの裕福な保守層にも彼らの音楽が受け入れられた証拠であった。そのときジョンは、騒々しいロックの演奏にも、おとなしく、一向に悲鳴を上げない観客に向かってジョークを飛ばした。「最後の曲では、みなさんにもご協力いただきたいと思います。安い席の方は拍手を、その他の方は宝石をジャラジャラならしていただけますか？　それでは歌います。「ツイスト・アンド・シャウト」"Twist and Shout"」（ザ・ビートルズ・クラブ、2000, 105）おちょくられて、半分苦笑いではあったろうが、富裕層の観客にも大いに受けた。

1965年6月、イギリス政府はビートルズの活動がイギリ

スの名を高め外貨獲得に貢献したとして、彼らに対しMBE
（Member of British Empire：大英帝国勲章）を授与するこ
とを発表した。メンバーのすべてがそれをすぐに「誇らし
い」と考えたわけではなく、とくに「労働者階級」（work-
ing class）としての自覚の強いジョンは、むしろいらだった。
女王の代理人からの手紙はファンレターの束に投げ捨てられ、
彼は返事を書かなかった。そのため「バッキンガム宮殿は2
度目の手紙を送らねばならず、今度は〔マネジャーの〕ブラ
イアン・エプシュタインが丁重な返事を書くように命じた」
（Wiener, 1984, 106；ザ・ビートルズ・クラブ、2000, 181）。

　その年の10月、ビートルズにMBEが授与されたことは、
イギリス国内に囂々たる非難を引き起こした。その「抗議の
大半は、第一次および第二次大戦での勲功によって、叙勲を
受けた軍人からのものだった……彼らのうち何人かは、女王
に勲章を返上することで抗議の意思を表明した」（マッカ
ビー＆ションフェルド、1973, 117）。このような反応に対し
て、ジョンのコメントは辛辣である。「僕らのMBE受勲に不
平を言っていたのは、たいてい戦争の英雄行為で勲章を受け
た人たちだった。僕らは文化的な受勲者だ。彼らは人を殺し
て勲章をもらったわけだけど、僕らは人を殺さずにもらっ
た」（ザ・ビートルズ・クラブ、2000, 183；傍点は大石）。

　もともとMBE勲章を複雑な思いで受けとったジョンは、
勲章をもらってすぐ、育ての親であるミミ伯母さんにあげて
しまった。そして受勲したこと自体に、長く葛藤を感じてい
た。「僕はずっと考えていたんだ。受勲したものの、ほんと
にそれで良かったのかなってね。……いずれにしても僕は自

　ジョンとヨーコの政治学

分を偽ったわけで、それがずっと気になっていた。勲章をどうにかしなきゃ、この呪縛から逃れなきゃって、いつも思っていたんだ」（ザ・ビートルズ・クラブ、2000, 184）。

受勲から3年後の1969年11月、すでにヨーコと結婚し、アムステルダムやモントリオールでベッド・インを敢行するなど、世界各地で起こっている戦争や紛争に強く心を痛めていたジョン〔とヨーコ〕は、ついにMBE勲章を返還することを決心した。そして、その年の3月、アムステルダム・ヒルトンで述べたのと同じ主旨のコメントを発した。

「何かのイベントのときに返還しようかと思っていたんだけど、このこと事態がイベントだって気づいたんだよ。僕らがやろうとしている平和のためのイベントだってね。／僕ら（ヨーコと僕）はガンジーやキング牧師みたいに、いずれ殺されてしまうような過ちはしたくないんだ。人々は自らの命を犠牲にする聖人を讃えるけど、僕は聖人にも殉教者にもなりたくない。イギリス国民として、ヨーコと一緒に、ビアフラ紛争に関わっているイギリス政府に抗議したいだけだ。できるだけ効果的な方法で、できるだけ大声で抗議したいんだよ」（ザ・ビートルズ・クラブ、2000, 184）。犯人に政治的背景はなかったとはされるものの、1980年12月に射殺されたジョンのこのコメントは、今となっては悲しい。

11月26日、ジョンは専属の運転手に、ミミ伯母さんの家へ行って勲章を返してもらうようにと、言った。そして、ちょっとしたユーモアを付け加えて、女王に勲章を返上する旨の手紙を書いた。

「女王陛下、私はナイジェリア・ビアフラ紛争へのイギリ

スの関与、ベトナムでのアメリカに対する支持、そして〔私の〕「コールド・ターキー」"Cold Turkey" がポップ・チャートからすべり落ちたことに抗議して、ここにMBE勲章を返還いたします。With Love, John Lennon of Bag」（Wiener, 1984, 106；傍点は大石）。

　この手紙は、頭書きに "Bag Productions, 3 Savile Row, London, W.1" とある用紙に書かれており、署名は「袋のジョン・レノン」である。住所がサヴィル・ロウ（Savile Row）である「バッグ・プロダクション」（Bag Productions）は、ジョンとヨーコが制作する映画、レコード、そのほかさまざまな商品を管理するために、二人によって設立された会社である（ザ・ビートルズ・クラブ、2000, 184）[12]。これらのことはむろん前述のバギズムからきているわけで、ジョンとヨーコが、バギズムのアイディアのオリジナル性を十分意識していたことを示している。

　ところで二人によるこの手紙の届け方がまたふるっている。貴族や裕福な階級の広大な屋敷には、表門（玄関）と別に、正式の客ではない人のために「勝手口」（trades-man's entrance）が設けられているのが普通である。「ジョンとヨーコは──ジョンの労働者階級出身のあかしとして──、手紙と勲章をバッキンガム宮殿の勝手口に直接届けた。その上でジョンはメディアに対してこう説明した。『あのこと〔MBE勲章を受けとったこと〕を思い出すと、僕はいつも冷や汗が出たよ。なぜって僕は、基本的には社会主義者だからね』」（Wiener, 1984, 106）。ジョンの権威に対する反発の姿勢は、面目躍如である。

MBE勲章を返還したことに対する一般からの反応に加えて、ジャーナリズムの批判もまた激しく、とくにジョンが女王にあてた手紙の中で、自身の歌「コールド・ターキー」に言及したことにジャーナリズムは強く反発した。しかしそれは、ジョン一流のユーモアを解せない故でもあった。

　ジョンは言う。「何人かの俗物や偽善者たちはすごく怒ったよ。だけどあのことこそが、事態を深刻にし過ぎることから救ったんだ。何ごともユーモアをもってやらなくっちゃ、そして笑いを絶やさないことだよ」。MBE自体が「大体は偽善者的な貴族崇拝そのものだし、階級制度の一部だろ。あれは、ビートルズが一流になるために良かれと思って受賞しただけさ。あれを受け取ったとき、僕は自分の魂を売ってしまったと思ったけれど、〔返上した〕いまは平和という大義のために名誉を取り戻せたと思う」。そして「もちろん僕の行為は、平和を宣伝するためのちょっとした仕掛けだったんだ」とつけ加えた。

　ジャーナリズムの非難とは対照的に、バートランド・ラッセル（ノーベル文学賞受賞者）は、ジョンへの手紙の中でその行動をこう評価した。「この勲章返上という行為で、あなたが新聞にどのように叩かれようとも、あなたのコメントは非常に多くの人々にこれらの戦争について再考させることになるに違いない、と私は確信しています」（Wiener, 1984, 106）。

　ジョンの言葉や行動の基盤には、大半がオックスフォードやケンブリッジなど有名大学を卒業し、イギリス社会で支配的な地位を占める上流階級に対して、自分は労働者階級の一

員であるという自覚が強くある。もともとビートルズのメンバーすべてが、非常に裕福というより、労働者階級の家庭の出身であった。下級船員であったジョンの父親は、家に帰って来ることはめったになかったし、ジョンが生まれたときも、父親は航海中で不在であった。母ジュリアが他の男性と同棲したことから、ジョンは母親の姉ミミ伯母さんに預けられたが、その家庭も上流階級というほどではなかった。階級制度が根強いイギリス社会で、当然ながらジョンは、自己の出自を自覚させられずにはいなかった。

労働者階級の英雄とは？

1970年、ジョンは初めてのソロ・アルバム『ジョンの魂』（*Plastic Ono Band*）をリリースしたが、その中に「労働者階級の英雄」"Working Class Hero" という歌がある。"Working Class Hero" は、たいていの翻訳では「労働階級の英雄」と訳されている（たとえば、平田、1994、28-9）。しかしジョンが自分は「社会主義者」だと主張し、また私自身は政治学の専攻でもあるので、使い慣れた用語法にしたがって、ここでは「労働者階級の英雄」と訳してみたい。K・マルクス流に言えば「プロレタリアート」である。ジョンの生い立ちを色濃く反映しながら、しかもなお普遍性をもつこの歌は、すごい歌である。どんな風にすごいか、調べてみよう。

Working Class Hero（John Lennon, 1970）
（YouTube "Working Class Hero"）

　　　　　　　　　ジョンとヨーコの政治学

As soon as you're born they make you feel small

By giving you no time instead of it all

Till the pain is so big you feel nothing at all

A working class hero is something to be

A working class hero is something to be

君が生まれるとすぐ、彼らは、考えるための時間をまっ
たく与えないで

君はちっぽけな存在だと思わせてしまう

ついに君は、苦痛があまりに大きいので、何も感じなく
なってしまう

労働者階級の英雄になるというのは大変なことだ

労働者階級の英雄になるというのは大変なことだ

　1行目で、その前に複数の誰の名前も出てこないのに、突
然現れるこの主語theyは、歌詞全体を読めば想像つくよう
に、労動者階級といわば対立する上流階級、もう少し範囲を
狭めれば社会をリードするエリート層とか、政治・経済・文
化といった分野のリーダーたちを指している。1行目最後の
smallは、直訳は「小さい」だけれど、ここでは「ちっぽけ
な存在」とか「とるに足らない」という意味であり、階級制
度の根強いイギリス社会では、「お前は上流階級の人たちと
は違う、下級の労働者階級の人間だ」という意識を、幼少の
ころから植えつけられるということを示している(13)。

　次の行の "instead of it all" の意味はなかなか難しいが、
文章全体を以下のように解釈してみよう。つまり、下級の労
働者階級の子供たちは、小売業であれば家の手伝いをしたり、

あるいは父親が低賃金の勤め人であれば、上級学校へ進むために自分で新聞配達のアルバイトをしたりと、忙しすぎる両親からの愛情を十分に感じることもできず、さらには落ち着いて勉強したり、ゆっくりものを考えるなどという時間はなかなか取れない、ということである。その結果、そのことに対する苦痛（pain）や悩みが大きすぎると、人はエリートへの道をあきらめて、ついには何も感じなくなってしまうだろう。

　そして、タイトルにもなっていて何度も繰り返される "A working class hero is something to be" をどう訳すか。これもいろいろに解釈できそうで、さまざまな訳が試みられているが、ここではこんなふうに理解してみよう。すなわち、そのような状況のもとで、労働者階級の意識を目覚めさせ、世の中の仕組みを洞察し、考えさせて立ち上がらせようとする、そんな労働者階級のリーダーになるというのは大変なことではないだろうか。

> They hurt you at home and they hit you at school
> They hate you if you're clever and they despise a fool
> Till you're so fuckin' crazy you can't follow the rules
> A working class hero is something to be
> （……refrain）
> 彼らは、家では君を痛めつけ、学校では君を殴りつける
> 君が賢い場合には君のことを憎み、賢くなければ軽蔑する
> ついには君は頭にきて、彼らのルールに従うのがバカらしくなるだろう

労働者階級の英雄になるというのは大変なことだ
　　（……くり返し）

　家庭の中では、親たちは上流階級さもなければせめて中流
階級の行儀作法を学ばせようと懸命になる。ジョンが預けら
れたミミ伯母さんも、「確固たる中流階級の価値観」を植え
つけようと心を砕いた（コールマン、1986、71）。1952年9
月、進学したクオリー・バンク高校では、問題を起こしてば
かりのジョンは、「文字通り何十回となく鞭で叩かれた」
（コールマン、1986、67）。美術と詩のほかには興味を示さ
ず、学校での勉強にほとんど重きを置かないジョンは「学校
ではただの落第生」であり（コールマン、1986、82-83）、
その素行の悪さは予測のつかないもので、教師を含めて弱い
者いじめは「ひどく残酷だった」（コールマン、1986、81）。
　「機知とユーモアと才能」を見せながら、ときに狂暴にも
なるジョンを教師はみな恐れたが、クオリー・バンクの校長
によれば、その性悪さには「精神（はね）」があり、「彼は自分がや
ろうと決めたことの当然の結果として、……懲罰を受け入れ
た……」。そしてジョンの特異な性格をこう表現している。
ジョンは「どんな形のものであれ、……制約とか規律という
ものを嫌ったのです。ダブデイル小学校にいた時分から、他
人によって組織されるという考えを彼は一切持っていません
でした。彼は幼い頃から権威とか規律というものをバカにし
始めていたのです」（コールマン、1986、83）。きれいな言
葉づかいではないfuckin'（=fucking）crazyという語句を含
む詩の3行目は、このようなジョンの経験と思いを痛切に表

現している。

　　When they've tortured and scared you for 20 odd
　　years
　　Then they expect you to pick a career
　　When you can't really function, you're so full of fear
　　A working class hero is something to be
　　（……refrain）
　　彼らは君を、20年余りも痛めつけたり怖がらせたりし
　　た上で
　　今度はちゃんとした職につくよう君に期待する
　　まともに役割を果たせなければ、君は恐怖にかられるだ
　　ろう
　　労働者階級の英雄になるというのは大変なことだ
　　（……くり返し）

　高校卒業後もさらに専門学校、大学など上級学校に進む人
たちが多い現在、私たちは通常十数年以上もの間、教育制度
によって社会への順応を強いられる。これは、社会の教育制
度に対する誇張でもあるが、歴史的にも現実にも、国家によ
る洗脳ということはあるわけで、教育には確かにこういった
側面もある。教科書が政治問題化するゆえんである。それは
多くの人にとって相当の苦痛であり、卒業できるかどうかは、
しばしば恐怖でもある。
　そして実社会で生きていくためには相応の収入を得なけれ
ばならない。黒いスーツに身を固めた就活は、在学中から必

須である。いったん就職できたとして、しかしその職場で期待あるいは強制される業務をそつなくこなせない場合には、たちどころに「首」を宣告されて収入の道は途絶えるだろう。これは不安と恐怖以外のなにものでもない。そんな環境のもとで、労働者階級を立ち上がらせ、そのリーダーになるというのは、大変なことだよ。

> Keep you doped with religion and sex and TV
> And you think you're so clever and classless and free
> But you're still fuckin' peasants as far as I can see
> A working class hero is something to be
> (……refrain)
> 宗教に惑わされ、セックスのことで頭をいっぱいにし、テレビ漬けになりながら
> それでも君は、自分は賢く、階級など関係なく、自由だと思うかもしれない
> しかし僕の見るところ君は、まだただの田舎者（peasant）だよ
> 労働者階級の英雄になるというのは大変なことだ
> (……くり返し)

　オウム真理教事件や安倍晋三元首相への銃撃事件を思い出すまでもなく、確固とした根拠もないのに、いかがわしい宗教の教えに惑わされて多額の寄付をしたり、布教活動に多くの時間を費やしたりする人は後を絶たない(14)。また週刊誌やネットなど私たちをとりまくマスメディアには、露骨な

セックス関連のニュースや画像・動画があふれており、誰でもが関心をそそられる。さらにつけっぱなしのテレビには、面白そうなドラマや何時間も続くバラエティー番組がいつも流れているので、ついつい見入ってしまう。それらの行動は、実はすべて上流階級が許容し、意図した範囲内での行動であるにもかかわらず、なお君は、自分はそれなりの教育を受け、そのような行動は賢い自分の選択であり、政治リーダーも自分たちの選挙で決まるのだから、階級の差などは無視でき、自分の行動は自由であると感じているかもしれない。

　急速な工業化や都市化の進展で、圧倒的に多数であり教育レベルも低かった農業人口の多くは都市に流れ込み、労働者階級が増大した。上級学校に進めない彼らの多くは、政治の本当の仕組みをなかなか理解できず、したがって関心ももてないので、無教養である、とジョンは言う。そして僕（ジョン）が見る限り、まだまだ君もそんなうち（fucking peasants）の一人にすぎない（"Working Class Hero" を含む John Lennon, *Plastic Ono Band* 『ジョンの魂』をリリースしたレコード会社EMIは、イギリスで発売されたアルバムの内側のジャケットから、2カ所で使われているfuckの語を削除したという：コールマン、下、173-4）。そういった状況のもとで、労働者階級の意識を覚醒させ、彼らを引っぱっていこうとする労働者階級の英雄になるというのは大変なことだよ。

There's room at the top they are telling you still
But first you must learn how to smile as you kill

　　　　　　　　　　　　ジョンとヨーコの政治学

If you want to be like the folks on the hill

A working class hero is something to be

（……refain）

階級制度のトップにはまだ十分空きがある、と彼らは言う

しかし山の手に住む上流階級の一員になるためには

まず第一に君は、笑いながら人を殺すことを学ばなければならない

労働者階級の英雄になるというのは大変なことだ

（……くり返し）

　1行目のroomは、部屋ということではなく、「まだ（still）空きがある」の「空き」つまり「余地」ということである。上流階級あるいはさらにそのトップになろうと思えば、教育制度は誰に対しても開かれているし、政治リーダーになるためには民主的な選挙に立候補すればよい、と彼ら（上流階級）は主張する。私たちも学校では確かにそのように習う。すなわち上流階級の一員になるための余地は十分にあると彼らは言い立てている。しかしそれはあくまで建前であって、現実には一流の上級学校に進むためには、塾に通うなどの教育費がかさむし、地方からの学生にとっては下宿代も大変である。さらに、大学の授業料は相当に高い。

　政治の選挙に立候補するためには「三バン」すなわち地盤（政治家を応援する幅広い層：票田）、看板（一流大学卒または高級官僚などの肩書）、カバン（端的にお金）が必要とされるが、地域に昔から存在する裕福な貴族や地主と違って、

庶民にはたいていそのどれもが不足している。上流階級の人たちは、しばしば見晴らしの良い高台（hill）に住居をかまえている。そして広々としたゴルフ場でプレイに興じながら、殺し、殺される（kill）こともある戦場に兵士を送る決定を下すこともあるだろう。

笑いながら人を殺す

　死者200人を超える平成最悪の被害をもたらしたとされる西日本豪雨の直前、2018年7月5日午後2時、気象庁は「8日にかけて東日本から西日本の広い範囲で記録的な大雨になる恐れがあると発表」し、「午後10時までに、京都、大阪、兵庫の3府県約11万人に避難指示が出」された。

　この夜、安倍首相や数名の閣僚と自民党幹部らは「若手議員との交流の場」だという「赤坂自民亭」と称する酒席の懇親会に出席し、30人近くの自民党国会議員らと飲食に興じていた。もちろんそのウラでは、防災担当相らが出席する災害警戒会議が開かれ、災害への対応もなされつつあったのだが、政府が2016年の熊本地震以来となる「非常災害対策本部」を設置したのは8日午前8時であり、その時すでに政府は死者が48人に達している事実を把握していた。各種メディアでは、災害対策に緊張さを欠いていたのではないか、という批判がなされた。

　しかしそれ以上に注目すべきは、宴会の翌日6日午前中に、オウム真理教事件の首謀者である麻原彰晃（本名：松本智津夫）死刑囚を含む事件の関与者7名の死刑が執行されたという事実である。そのニュースは災害警戒のニュースとともに、

マスメディアで大きく報道されていた。ということは、すでに3日に死刑の執行命令書に署名したという上川陽子法務大臣とともに、その報告を受けているはずの安倍首相自身も翌日の死刑執行を当然知っていた（安田、2018）。

　宴会の様子を西村康稔内閣官房副長官らはツイッターに投稿、中でも元女性活躍担当大臣の片山さつき参院議員は「安倍総理初のご参加で大変な盛り上がり！」「若手と総理とのお写真を撮ったり忙しく楽しい！」と、写真とともにツイートした。その時の記念撮影の画像には、首相の隣に法相が座り、全員がにこやかに親指を立てるポーズをとっている姿が見られる。そしてこのツイートは、ハッシュタグ（＃）をつけられてネット上に拡散した。

　ジョンは、この歌の中で「笑いながら人を殺す」（smile as you kill）という毒のある表現を使ったけれど、「赤坂自民亭」の情景は、ジョンの歌詞そのものではないだろうか。Still、kill、hill と巧みに韻を踏みながら、歌詞は政治の冷厳な側面を鋭く突いている（『日刊ゲンダイ』2018.7.9；『朝日新聞Digital』2018.7.13；AbemaTIMES, 2018.7.12；安田、2018；「＃赤坂自民亭」）。

　　If you want to be a hero well just follow me
　　If you want to be a hero well just follow me
　　もしヒーローになりたいんなら　僕についてくればいい
　　もし労働者階級の英雄になりたいんなら　僕についてきな

かつてマルクスは『共産党宣言』の中で、彼の言葉でいう“ブルジョア”社会における階級支配と、その存続のための制度を激しく弾劾した。「法律、道徳、宗教は、プロレタリアにとってはおしなべて、ブルジョア的偏見であって、その背後にはひとしくブルジョアの利益が隠されているものである。／支配権を得たこれまでの階級はすべて、彼らが儲かるような条件を、全社会に押し付けることによって、既得のその社会的位置を確保しようとした」(マルクス、(1848) 1962, 45)。

　階級制度が強固に残存し、希少価値が上流階級に偏って配分されるという社会の仕組み、それを補強するさまざまな、ほとんど気づかない形で存在する制度と社会意識という現状を、ジョンはいささか誇張気味に表現した。そしてそのような条件のもとでは、労働者階級の英雄になるということはきわめて困難な課題だとしたのである。その上でジョンは、この曲の最後には、「僕についてきな」と言う。継続しているベトナム戦争で敵・味方として戦う兵士たちをはじめ、世界ではいたるところ権力をもたない普通の人々が、理不尽な不幸と悲哀を味わわされている。ジョンとヨーコのパフォーマンスの多くは、その不条理について人々に思い起こさせ、変革に立ち上がるよう、時には毒のあるユーモアを交えながら、敢えて奇抜な方法で訴えようとしたのではなかったか。そして「みんなも、勇気を出して、僕についておいでよ」と訴えかけるのである。

WORKING CLASS HERO
LENNON JOHN
© LENONO MUSIC
Permission granted by FUJIPACIFIC MUSIC INC.
Authorized for sale in Japan only

ジョンとヨーコの政治学

4

「人々に権力を」
"POWER TO THE PEOPLE"

変革には力が必要

　社会を変革するためには政治的な力が必要である。そこに直接的な呼びかけである「人々に権力を」"Power to the People" がくる。社会の支配的な階級である「ブルジョアジーからの権力の奪取」はマルクスの命題であり、それは革命によってなされる。ジョンはそのメッセージを歌にこめてアジテイトした。

> **Power to the People**（John Lennon, 1971）
>
> （YouTube "Power To The People"）
>
> Power to the people
>
> Power to the people
>
> （refrain）
>
> ……
>
> Power to the people, right on
>
> 人々に権力を
>
> すべての人々に権力を与えよ！
>
> ……

（くり返し：同じ文言が、7回繰り返される）
……
人々に権力を、今すぐに！

　この歌が日本で発売されたときの日本語タイトルは、なぜ
かpowerという言葉を翻訳しないで「人々に勇気を」だった
そうである[15]。しかしここでは、powerを直截に「権力」と
訳してみよう。YouTubeで視聴できる "Power to the Peo-
ple" のOfficial Videoでは、力強く "Power to the People"
の歌声がくり返され、ジョンとヨーコが大勢のデモ隊の中に
交じって、ともに行進している様子が見られる。このヴィデ
オはまた、反戦の意思表示だけでなく、権力保持者による抑
圧や武力行使、差別に抗議するさまざまな人々の映像を含ん
でいる。

　たとえば1970年5月、中立国カンボジア爆撃にまで拡大
したベトナム戦争に抗議して集まったケント州立大学の学生
たちに対し、オハイオ州兵が銃撃して4人が死亡した事件,
北アイルランド紛争[16]，カリフォルニアやテキサス州などで
行なわれた、移民や季節労働者を含む農業労働者の賃金や待
遇改善を要求するデモ行進,男性の抑圧に対する女性たちの
抗議 "woman power"、さらに、おそらく中国では見られ
ないであろう、多数の犠牲者を出しつつ人々が民主化を要求
した1984年6月4日の天安門事件の際、勇敢にも白シャツ姿
の若者が、出動した戦車の前に立ちはだかった動画、なども
このヴィデオには挿入されている〔YouTube "POWER TO
THE PEOPLE.（Ultimate Mix, 2020）—John Lennon/Plastic

　　　　　　　　　　　　　ジョンとヨーコの政治学

Ono Band" (official music video HD)」。

> Say we want a revolution
> We better get on right away
> Well you get on your feet
> And out on the street
> 僕たちに必要なのは革命だ
> 今すぐ行動を起こさなければ
> さあ、立ち上がって
> 街へくり出そう

　前にもふれたように、ジョンにはビートルズ解散以前、
P・マッカートニーとの連名で1968年8月に発表した「革
命」"Revolution"（YouTube）という歌がある。戦争のな
い世界へと変革を望んだとしても、「革命」は必然的に破壊
と暴力を伴うだろう。ベトナム戦争へのアメリカの介入は
1960年代初めから徐々に強まっており、それに抗議する
人々の活動は世界各地で見られた。その時ジョンは、戦争自
体には心を痛めたが、暴力的な革命には懐疑的であった。
1968年11月に発売された2枚組アルバム *The Beatles* には、
"Revolution 1" という曲があり、実はこちらの方が原作で、
5〜6月には録音されていたらしい。それら両者をしらべて
みても、暴力革命を受け入れるかどうか、ジョンの気持ちは
揺れている（Wiener, 1984, 61；秋山、2008, 62-3；内田、
2000, 326-7）。タフで過激で辛辣な外面は、しばしば、繊
細で心やさしい内面の隠れみのである。ジョンが暴力的な抗

議行動を避け、体制にはユーモアをもって対抗しようと主張していたことは前述した。

> Singing power to the people
> Power to the people
> Power to the people
> Power to the people, right on
> 人々に権力を！と歌いながら進もう
> 人々に権力を
> 人々に権力をあたえよ
> いますぐ人々に権力を

大義の感じられないベトナム戦争であったからこそ、世界各地に沸きおこった反戦行動も激しいものだった。単なるデモ行進にはいささか懐疑的であったジョンとヨーコも、YouTubeに見る映像のように、政治リーダーたちの恣意的な権力行使に抗議して「人々に権力を！」と歌いながら、時にはデモ隊の先頭を歩いた。

> Oh, millions of workers working for nothing
> You better give'em what they really own
> We got to put you down
> When we come into town
> 〔あー、なんてことだ、〕多くの労働者たちは、働きに応じた報酬をもらってないぜ
> あなたたち〔上流階級〕は、彼らに相応の分け前を与え

なくちゃ
僕たちが街へ出ていったときには、
あんたらをやっつけてやるぞ

抑圧と差別への抗議

　福祉国家を標榜する現代国家においても、富の不平等な配分と格差の度合いは強まる一方にみえる。そこでは、非正規の労働者はむろん、圧倒的多数の労働者たちは、長い年月あくせく働いてもなお老後に不安を感じている。彼らはその働きに応じた、自分自身（own）が受け取って当然の報酬を受け取っていないのではないか。「労働者階級の英雄」のところで見たように、社会の仕組みは、富の配分に関して、裕福な階級に有利なように作られており、そのことは教育や司法制度、税制そして大資本が牛耳るマスメディアなど、さまざまな制度や手段によって教化、正当化そして維持されている。だから、裕福な上流階級の人たちは、一生懸命働き、子育てをする労働者階級の人たちに、実際には彼らの取り分（own）である相応の分け前を与えなくてはいけない。もしわれわれが怒りを爆発させ、街（town）の通りへくり出したときには、あなたたちを打ち倒すぜ（down）、というわけである。社会の圧倒的多数の構成員でありながら、労働者階級に対する不平等で理不尽な富の配分に対するジョンの怒りは、own, down, town と韻を踏みながらいかんなく表現されている。

Singing power to the people

…… (p.52の第3節と同じ歌詞のくり返し)
……

I gotta ask you comrade and brother
How do you treat your own woman back home
She got to be herself
So she can free herself
さて同志よ　男たちよ、あなたたちに尋ねたい
あなたたちは家で自分の妻をどんなふうに扱っているん
だろう？
彼女は自立していなければいけないぜ
それでこそ彼女は自由といえるんだ

　抑圧と差別への抗議は男性にも向けられている。人々
（people）の半分を構成するのは女性である。ここでジョン
は、いささか唐突に社会における女性の位置について言及す
る。男たちと対等なパートナーであるべき女性たちも、実は
社会でそして家庭内で、さまざまな形で不利をこうむってい
るのではないか。マルクスの著作など社会主義の文献でよく
使われる「同志よ」“comrade”という言葉で呼びかけなが
ら、男たちに自省を迫るこのテーマについては、ヨーコの主
張を含む別の歌とともに、あとで詳しく見てみよう。

POWER TO THE PEOPLE
LENNON JOHN
© 1971 LENONO MUSIC
Permission granted by FUJIPACIFIC MUSIC INC.
Authorized for sale in Japan only

ジョンとヨーコの政治学

5

「真実が欲しい」
"GIMME SOME TRUTH"

偽善者の言うこと

　労働者階級に不利にはたらく社会を監視し変革するために
は、革命によるかどうかは別として、まずは社会の仕組み、
その作動の仕方について相当の知識と情報を必要とする。し
かしながら社会を牛耳る支配層は、その優越的な地位を維持
すべく、人々に知られてはヤバイ、すなわち自分たちの支配
を脅かしかねない、自己に不都合な事実と情報をしばしば隠
そうとする。ここに次に見る「真実が欲しい」"Give Me
Some Truth" がくる。

Gimme Some Truth（John Lennon, 1971）
（YouTube "Gimme Some Truth"）
I'm sick and tired of hearing things
From uptight-short-sighted-narrow-minded hypocritics
All I want is the truth
Just gimme some truth
もう　うんざりだ　聞き飽きたよ
型どおりで　目先のことばかりの　心の狭い偽善者の言

うことなんて
聞きたいのは真実だけ
本当のことを教えてくれ

　政治や社会のリーダーたちは、その方針や政策を説明する
時、いつも「国民のみなさまの命と健康を守るために」など
と、型にはまりきったもっともらしい建前を述べる。しかし
その実、彼らの言葉の裏には、目先の、手っ取り早く得られ
る彼ら自身の都合と利益が隠されている場合がほとんどでは
ないのか。彼らの丁重な言葉づかいと態度は、人々をあざむ
く、おためごかしの偽善に過ぎないのではないか、とジョン
は言う。"hypocritic" は、通常は「偽善の、偽善（者）的
な」を意味する形容詞であるが、ここでは名詞として使われ
ているようで、しかも複数となっている。あるいはジョンの
行動などに対し、的外れな批判をする人（critic）と偽善者
（hypocrite）の両方を意味させようとするジョンの造語か。
ジョンはリーダーたちの美辞麗句に懐疑的であり、「そんな
言葉には飽き飽きした、真実を述べろ」と要求しているので
ある。"Gimme" は、もちろん "give me" の口語表現であ
る。

　　I've had enough of reading things
　　By neurotic-psychotic-pig-headed politicians
　　All I want is the truth
　　Just gimme some truth
　　もう　うんざりだ　読み飽きたよ

ノイローゼ気味で　頭のおかしい　頑迷な政治家どもが
　　書くことには
　　　知りたいのは真実だけ
　　　ちょっとは真実を書いてくれ

　清潔を好み知能も高いといわれるブタにとっては迷惑な話
であるが、pig-headedには「頑固な、頑愚な」という意味
がある。つまりジョンにしてみれば、誰でも分かる、そして
自分でも分かっているウソを、強引に言い張って自己の行動
を正当化しようとする厚顔な政治家の文章にはうんざりだ、
というわけであろう。この節は次の節と一緒に考えてみよう。

　　No short-haired-yellow-bellied son of Tricky Dicky
　　Is gonna mother hubbard soft soap me
　　With just a pocketful of hope
　　Money for dope
　　Money for rope
　　髪をぴっちりなでつけ　だけど臆病で　ずるいニクソン
　　みたいな奴〔はもうたくさんだ〕
　　連中は　ちょっとした希望をもたせながら　おべっかで
　　僕を丸めこもうとする
　　だけどそれは、クスリのための金と
　　好き勝手をやらせるための金じゃないか

ニクソン大統領を皮肉る
　〝イカれた〟連中とは違う、短髪で身なりのぴちっとした、

しかし臆病で狡猾な人たちを意味する辛辣な1行目の
"Tricky Dicky"（"Tricky Dick" ともいわれる）とは、ここ
では36代アメリカ大統領リチャード・ニクソン（Richard
Nixon）のニックネームであり、当時のアメリカ人にはすぐ
ピンときただろう。どうして「ディック」（Dick）が「リ
チャード」（Richard）のニックネームなのか、英語を母国語
としない我々には理解できないが、ともかくそれはそうなの
だとしか言いようがない。再選を目指していたニクソン大統
領みずからが直接かかわっていた、ワシントンD.C.の民主
党本部への盗聴侵入事件に始まる大スキャンダル、ウォー
ターゲート事件は1972年6月からのことであり、そこでは
事件のもみ消し、証拠隠滅、司法妨害など、真実を隠そうと
するあらゆる策謀が試みられた。

　"Gimme Some Truth" を含むジョンのアルバム『イマジ
ン』（Imagine）の発売は1971年であるから、この歌は
ウォーターゲート事件以前に作られている。しかしニクソン
には、ウォーターゲート事件以前、1950年のカリフォルニ
ア上院議員への選挙戦以来、その狡猾な選挙戦術から「ずる
いディック」（"Tricky Dicky"）というニックネームがつけ
られていた。アメリカ人なら誰でも知っている大統領ニクソ
ンのニックネームをそのまま歌詞に歌い込んでいるのだから、
大胆至極というか、聞いているこちらの方が怖くなる。そし
てニクソンは、案の定というかImagineの発売から1年もた
たないうちに、数人の側近たちと謀り、アメリカ国民を欺く
ウォーターゲート事件を引き起こしたのである。ジョンはま
るで、ニクソンによるこの大スキャンダルを予感していたか

のようである。

　1行目の文章冒頭にある "No" は、すぐ続く "short-haired" だけでなく、1行目の文章全体にかかっている。"Short-haired" は、世間の常識にいささか反発するビートルズ風の長髪ではなく、短髪で髪をぴっちり整えたエリート然とした人たちを象徴しているのだろう。"yellow-bellied" は、文字どおりには「黄色い腹をした」という意味であるが、何百万というもともと住んでいたネイティヴ・アメリカンを追撃して北アメリカ大陸を制覇した白人が、非難・軽蔑的に「臆病者」の象徴と揶揄した「メキシコ人」を意味する場合がある。ここではその意味をとって「臆病者」と解する方がよいようだ。そしてずる賢いニクソン "Tricky Dicky" の息子（son）のような連中、というわけである。

　ただしここで "son" は字義どおりに「息子」という意味であるよりも、"son of a bitch"（字義どおりには「"意地悪な" とか "ふしだらな" 女の息子」という意味である）が、実際には単に侮蔑あるいは親しみの意味を込めた "あの野郎" とか "あん畜生" という意味で使われる場合と同じ用法で、とくに意味はない。冗談を承知の大仰なからかいであり、文字どおりにとるわけにはいかないけれども、何とも辛辣な表現である。

　"Mother-hubbered" は、伝承童話の主人公ハバードおばさんに由来するイメージを抱かせながら、次のsoft-soapにつなげようとしているようで、soft-soapには口語で「お世辞で丸め込む、……におべっかを使う、愛想よくふるまう」などの意味がある。"Pocketful" には、「ポケットいっぱいの」

という意味のほかに、口語で「たくさん；相当の」といった意味があるが、ここではその前にjustがついているので、「少しの；ちょっとした」くらいの意味であろう。したがって "With just a pocketful of hope" は、全体としては「ちょっとした希望をもたせながら」と解せるだろう[(17)]。

　Money for dopeのdopeは麻薬つまりクスリのことで、気楽で将来のことなど考えない連中にちょっとばかり金を配ってやれば、彼らを喜ばせることになるし、そのうえ、どうせ連中はクスリやギャンブルなどろくでもないことに金を使うだろう、という意味が暗に感じられる。

　そしてmoney for ropeはさらに意味深である。辞書には "give *sb*〔だれだれ〕enough rope" という熟語が載っており、それは「（いずれ自滅を招くことを期待して）人に自由勝手にさせる、したい放題のことをさせておく」という意味であり、さらにそれは "Give a thief enough rope and he'll hang himself" すなわち「ちょっとばかりロープ（＝金）をやって勝手にさせておけば、泥棒は自然に身を滅ぼすものだ」という諺に由来するという。

　hang himselfは、自分で〔ロープを使って〕首を吊るという意味である。とするとこのmoney for ropeは、庶民に少しばかり（といっても庶民にとっては大金）金を配っておけば、それは彼らの当面の生活の助けにはなるはずで彼らは喜ぶだろう。もっともそのお金がどう使われようと（たとえ、リーマンショックのときのように、大部分が貯金にまわったとしても）、それは政治家の知ったことではない。子供を含めて国民の多くにお金を配ったこと自体は、政治家として大

英断であるし、すばらしいリーダーシップを発揮したとして
その実績は評価されるだろう。根本的な解決ではないにして
も……。ジョンのこれらの短い詩節は、そのような決断に至
るまでの政治リーダーたちの思惑と深層心理を表現している
ともとれる。まさに痛烈な皮肉である。

I'm sick to death of seeing things

From tight lipped-condescending-mummy's little
chauvinists

All I want is the truth

Just gimme some truth now

まったくいやになっちゃう　もう見飽きたよ

だんまりを決め込んで　低姿勢をよそおう　小賢しい

愛国主義者たちには

僕が知りたいのは真実だけだ

ちっとは　ほんとのことを教えてくれ

　Be sick to death of〜は、「〜がすっかりいやになって、
〜にうんざりしている」という意味である。Tight-lippedは、
「口を固く閉じた、無口の」ということであるが、ここでは
政治家についての話であるから、「秘密を知っていても決し
て洩らさない、言葉尻をとられるようなへまはしない」と解
することができる。唐突にも感じられ、またさらに意味深で
もあるマミーズ・リトル・ショーヴィニスト（mummy's lit-
tle chauvinists）であるが（英語版 *Imagine* CDでは、mom-
mies；Wikipedia ではmama's）、mummyには、第1にその

ままで「ミイラ、干からびた死体（もの）」さらには「痩せこけた人」という意味がある。第2にmummyは、motherの口語表現であり、幼児語としての「マミー」（mammy）にも通じるようである。littleには、通常の「小さい、かわいい」という意味のほかに「ケチな、狭い、つまらない」などに加えて、「卑劣な、些細な、ずるい」といった意味もある。そしてchauvinistsは、単なる「愛国者」patriot（s）ではなく、「排外主義的」とか「好戦的」という形容詞もつけられるほどの「愛国主義者」を意味する。

　言葉遊びの達人であるジョンは、このようにさまざまな意味を連想させる複雑怪奇な表現を使って、何を伝えたかったのだろうか。上に触れたウォーターゲイト事件は、大国アメリカの大統領が再選を狙う謀略を企てた上で、ウソをつきとおそうとした一大政治スキャンダルであるが、そのような事例はアメリカに限られるわけではない。わが日本国の政治にも負けず劣らず存在する。そしてそれは、戦後日本政治において今なお政府が国民に対して真実を明言しようとしない、もっとも重要な事例の一つである。

国家は真実を隠す

　1972年5月15日午前零時、沖縄は本土に復帰し、「沖縄県」となった。それ以前、第二次世界大戦の敗戦で焦土と化した日本は、1960年の日米安保条約の改定をめぐる大きな政治対立をへて、未曽有の高度経済成長を遂げつつあった。その波を主導し「所得倍増」計画を掲げた池田勇人内閣は国民的人気も高かったが、1965年8月、池田自身は病に倒れ

た。

　前年、自民党後継総裁の指名を受けた長年のライバル佐藤栄作は、自らの実績を示して政権を長期に維持するためにも、総理大臣として池田とは異なる政策課題を掲げる必要があった。高度成長政策がほころびを見せ、〝黒い霧事件〟など自民党を中心とする一連の汚職事件が続くなか、佐藤は1965年8月、いまだアメリカ軍の施政権下にあった沖縄を訪問した。そして彼は、「沖縄の祖国復帰が実現しない限り、わが国にとって『戦後』は終わっていない」と民族心、愛国心をくすぐった。佐藤は、1968年1月の衆議院本会議で日本は核兵器を「持たず、作らず、持ち込ませず」（非核三原則）と言明し、政府はその後もくり返しこのことを確認してきた。沖縄が返還された後には、日米安保条約にある「事前協議制」が沖縄にも適用されて、米軍による「核兵器持ち込み」は拒否できるということを政府は強調した[18]。

　こうして、返還時に核兵器は撤去されることにはなったが、しかし1971年11月の沖縄返還協定締結後20数年を経た1994年、キッシンジャーが「忍者のような佐藤の密使」と呼んだ若泉敬は、佐藤とニクソンとの間で取り交わされた「密約」の存在を、その著『他策ナカリシヲ信ゼムト欲ス』（1994）の中で明らかにした。それによれば、返還交渉に際してアメリカが主張した譲れない点は、ベトナム、朝鮮半島そして台湾における軍事的緊張に備えて基地が自由に使用できることと、緊急時に核が貯蔵でき、また核を搭載した艦艇および航空機が通過（transit）できる権利を確保することであった。しかし「核抜き、本土並み」を唱道してきた政府に

とって、それは公に認めることはできない条件であった。

　かくして佐藤・ニクソンの「共同声明」では、第7項で佐藤が「沖縄の施政権返還は、日本を含む極東の諸国の防衛のために米国が負っている国際義務の効果的遂行の妨げになるようなものではない」と言い、第8項でニクソンは「日米安保条約の事前協議制度に関する米国政府の立場を害することなく、沖縄の返還を、右の日本政府の政策に背馳しないよう実施する」と確約した。日本国とアメリカは、このような何とも分かりにくい「曖昧な表現」で「対立点の鮮明化を回避し、……日米合意」を成立させたのである（我部、2000、136；田中明彦、A）。そしてその裏で、「事前協議をへた上での核兵器の再持ち込みの権利を日本政府が米政府に認める密約に、佐藤とニクソンがそれぞれ署名した……」（我部、2000, 158）[19]。

　すなわち事前協議制によって、米軍による核兵器持ち込みは拒否できると日本政府は説明してきたが、実際にはこの制度は空洞化していたのである。そもそも事前協議の発議権はアメリカにあり、日本はたとえ疑わしい場合にも基地や艦船・航空機への立ち入り検査の権限をもたないうえ、核兵器の所在については「肯定も否定もしない」（NCND：neither confirm nor deny）というアメリカの政策があるので、日本に核兵器は持ち込まないという約束が厳密に守られるかどうかは確かめようがない。そして万が一、仮に事前協議があったとしても、密約によって日本側の「イエス」は初めから予約されていたのである。要するに「日本政府がこだわったのは、事前協議制を存続させることだった。形式的である

　　　　　　　　　　　ジョンとヨーコの政治学

にせよ、事前協議制をもっていることを国民の前で見せることができれば充分だった」（我部、2000、123）。つまり事前協議制は単なる言葉の上だけの話であり、実際には機能しないのである[20]。

かくして鳩山由紀夫民主党政権のもと、岡田克也外務大臣に提出された「報告書」の結論はこうである。「米国政府は、日本政府が一方で核搭載艦船の寄港も事前協議の対象になると国民に説明しながら、他方で事実上はそれ〔事前協議〕なしの寄港を黙認し続けることに対して、公に異議を唱えなかった」。すなわち日米両政府間には「『暗黙の合意』という広義の密約があった」。そして「この『密約』問題に関する日本政府の説明は、嘘をふくむ不正直な説明に終始した」（北岡伸一、2010, 46；傍点は大石）。

2020年夏、原爆慰霊の日で広島と長崎を訪れた安倍首相は、コピペと揶揄された異なる場所でのほぼ同文の演説の中で、日本国は「非核三原則を堅持」する旨の挨拶を述べたが、それが実質的には「二原則」あるいははせいぜい「二・五原則」であることを知っていたはずである。

再び沖縄返還交渉の時点にもどれば、何としても「核抜き、本土並み」による沖縄返還を自己の政治的成果としたい佐藤の足元を見た米国は、佐藤と共謀して上記「暗黙の合意」の継続を明確な密約にしたのだとも言えよう。日本政府が沖縄返還に関連して隠し続けている事実は、まだまだある。佐藤とニクソンの「共同声明」発表から3年後、1972年5月に発効した沖縄返還協定では、米軍が沖縄占領後に〝銃剣とブル

ドーザー"で接収した用地に対する原状回復のための補償費400万ドル（当時のレートで12億円強）は、米側が日本へ「自発的支払を行なう」（第4条）とされていた。しかし実際には、この400万ドルは日本側が肩代わりすることを日米両政府は了解していた。

そして『毎日新聞』の記者西山太吉（1931—2023）は、外務省女性事務官から入手した極秘電信文によりこの事実を明らかにした。この事件は、本来は「国民の知る権利」に対する「国家機密」という問題であった。一審の西山記者への無罪判決は、東京高裁で有罪とされ、最高裁では一度の公判も開かれずに上告棄却とされた。結局この「密約」裁判は、日本政府が米国と取り交わし、したがって納税者である国民に当然知らされるべきであった「『密約』ではなく、男女関係による秘密漏洩にのみ判断を下して幕を閉じた」（我部、2000, 167）[21]。

知りたいのは真実だけ

特定の政権が自己に不都合な事柄を隠蔽しようとする行動は、半世紀前も前のことばかりではない。7年8カ月という長期政権を誇った安倍政権のもとでも、数々の事柄が隠蔽された。いわゆる「モリ・カケ・サクラ」の問題である。しかしこれらの問題も2020年初頭からの新型コロナ・ウイルスの蔓延、そして8月末の突然の安倍首相辞任表明で、真相究明には至っていない[22]。

上述した沖縄返還に伴う事実の多くは、25年を経て公開され、入手できたアメリカ側の資料、公文書から明らかにさ

れた。にもかかわらず日本政府は、ひたすら「そのような密約は存在しなかった」かのごとくあいまいな態度をとり続けている。国民にとって重要な情報は、国民には知らされなかった。すぐ前および注（22）で触れた森友・加計学園そして桜を見る会の疑惑では、国会での偽証やはぐらかし答弁に加えて、資料や公文書が隠蔽され、改ざんされ、廃棄されて、あったことがなかったことにされた。

　財務省の指示により決裁文書の書き換えを命じられ、改ざんに加担したことを苦に自死した近畿財務局職員の妻赤木雅子は、夫の死の経緯を知るために、情報公開制度を利用して行政文書を請求したが、出てきた文書はのり弁、つまりはほとんど黒塗りであった（堤伸輔「紙つぶって」『東京』2020.3.19）。こうなれば、ジョン・レノンでなくとも「真実が欲しい！　ほんとのことを言えエエエーー！」と叫びたくなるではないか。我部が言うように「公文書を残し、後に公開することを基本原則にすれば、それぞれの決定に関わる政治家・官僚たちに対し、あとでやってくる歴史の審判を意識させ、責任のある政治や行政の土壌を作り上げることができる……」（我部、2000、6）。しかしそのような原則は、いとも簡単に破られているのである。

　自死した職員の妻は「本当のことが知りたい」と、国と佐川宣寿元財務省理財局長を相手に提訴した。その第1回口頭弁論（大阪地裁）が開かれた2020年7月15日、森友問題をスクープしてNHK報道局長から激怒され、退職していた元NHK記者相澤冬樹とともに、夫の手記を付して妻が出版した著書のタイトルは『私は真実が知りたい』（赤木＋相澤、

2020；参照、鎌田慧「本音のコラム」『東京』2020.7.28）で
あった。これは、ジョンの歌のタイトル "Gimme Some
Truth！" そのものではないか。この国の民主主義は一体ど
うなっているのだろう？　否、問題は日本にだけあてはまる
のではない。フェイク・ニュース（fake news）が横行する
現代の社会で、半世紀以上も前のジョンの叫びは、今も、世
界の政治に向けて発信されている[23]。

I've had enough of watching scenes
of Schizophrenic-ego-centric-paranoic-prima-donnas
All I want is the truth
Just gimme some truth
もうたくさんだ　見飽きたよ
精神錯乱気味で　自分中心の　尊大な〔女性〕政治家た
ちにはうんざりさ
知りたいのは真実だけ
少しでも真実を教えてくれ

Watchingは、第4節のseeing（p.61参照）と同じ意味と
解してよい。第1節が偽善者で（p.55参照）、第2節が政治
家（p.56-57参照）、第4節が愛国主義者で（p.61参照）、今
度はprima donnasであるが、正確に何を意味しているかは
よく分からない。平田（1994, 67）は "女王様気取りの女"
と訳しているが、それでもいいだろうし、自信満々で横柄な
〔女性〕政治家を揶揄しているようにも感じられるので、"尊
大な" と訳してみた。厳密にはprima donna は「歌劇の主

役〔花形〕女性歌手であるが、日常会話では男女関係なく「わがまま（身勝手な）なやつ」という意味でも使われるようなので、上のように表現してみた。第3，4行は1，2節と同じ。

　第6節は、第3節のNo short-haired, yellow-bellied son of Tricky Dicky……以下のほぼくり返しであり、第7節は、第4節のI'm sick to death of seeing things（この部分はseeingがhearing thingsとなっている）……以下と第1節の歌詞が入り混じったくり返しのような節である。第8節は、第2節のI've had enough of reading things……以下が繰り返された後、All I want is the truth（now）Just gimme some truth（now）がくり返して歌われるだけなので、解説は不要であろう。

GIMME SOME TRUTH
LENNON JOHN
© LENONO MUSIC
Permission granted by FUJIPACIFIC MUSIC INC.
Authorized for sale in Japan only

6

「今でなくては！」
"NOW OR NEVER"

戦争は続く

　ジョンが「平和にチャンスを」（1969）と歌い、さらに
ヨーコとともに「イマジン」（1971）を歌っても、ベトナム
へのアメリカの爆撃は続いていた。1972年11月、ヨーコは、
ジョンとの共同プロデュースで、激越なシングルを発表した。
ジョンがギターを演奏したこのレコードは、まずそのカバー
が強烈であった。それには、1968年南ベトナムのクアンガ
イ省ソンミ村で、アメリカ軍が妊婦を含む女性や子供を合わ
せて民間人504名を無差別に大量虐殺した時の、多数の死体
が横たわる写真が使われていた。ヨーコの歌詞も、それに劣
らず厳しい。

　　Now or Never（Yoko Ono, 1972）

　　（YouTube "Yoko Ono - Now Or Never"）

　　Are we gonna keep pushing our children to drugs?

　　Are we gonna keep driving them insane?

　　Are we gonna keep laying empty words and fists?

　　Are we gonna be remembered as the century

that failed?

People of America, when will we learn?

It's now or never, there's no time to lose

これからも私たちは子供たちをドラッグに走らせ続ける
のでしょうか？

これからも私たちは子供たちから正気を奪い続けるので
しょうか？

これからも私たちは空疎な言葉と暴力をはぐくみ続ける
のでしょうか？

私たちの時代は、失敗の世紀と記憶されるのでしょうか？

アメリカの人々よ、私たちはいつになったら学習するの
でしょう？

いまでなければいつ？　ぐずぐずしてるひまはありません

　勝てるとは思えない、国内で支持されない、そして正義と
も感じられない戦争に従事するアメリカの若者たちは、「ス
トレス発散のため、また恐怖心から無差別攻撃、略奪、暴行、
拷問、虐殺にのめり込んだ。それがベトナムの農民の反感を
ますます強めさせ、また米兵の心と体をさらにむしばんで
いった」。さらに「兵士の2人に1人はマリファナの、4人に
1人はヘロインの常習者であり、10人に1～2人は重症の中
毒患者だった」という（松岡、2001, 81）。にもかかわらず
戦争は継続し、政治リーダーたちはそれを言葉と暴力で押し
通した。

　"Fist (s)"は、こぶしとか鉄拳という意味であるが、ここで
は実力行使とか暴力と考えていいだろう。歌詞の上から3行

は、それらを生み出している状況を余すところなく端的に叙述する。そしてヨーコは問う。私たちの時代は、人々が健全で平穏に暮らすことができる社会をつくることに失敗した世紀であったと、後世の人々には言われるのでしょうか？　その上でヨーコは、自身を含めて、アメリカの人々に呼びかける。私たちは一体いつになったら、この戦争が不正義であり、そのことが若者を狂気に追いやっていることを認めるのでしょう？　一刻も早くこの戦争をやめなければ、この状態はいつまでも続いてしまうのではないか。

Are we gonna keep sending our youths to war?

Are we gonna keep scaring rice fields and infants?

Are we gonna keep watching dead bodies over dinner?

Are we gonna be known as the century that kills?

People of America, when will we stop?

It's now or never, there's no time to waste

これからも私たちは若者を戦争に送り続けるのでしょうか？

これからも私たちは水田をつぶし、子供たちを怯えさせ続けるのでしょうか？

これからも私たちは夕食をとりながら死体を見続けるのでしょうか？

私たちの時代は殺戮（さつりく）の世紀だったと後世の人に言われるのでしょうか？

アメリカの人々よ、私たちはいつ戦争をやめるのでしょ

　　　　　　　　　　　　ジョンとヨーコの政治学

う?

　いますぐやめなければ、時間はどんどん過ぎていきます

　ベトナム戦争でのアメリカの戦死者は5万8000人、戦傷者は30万人という。しかしベトナムが被った惨害はそんなものではない。「戦死傷者の総計は300万人に迫り、民間人の犠牲者も400万人を超える。行方不明者は少なくとも30万人。枯れ葉剤の被害者は100万人。精神を病むにいたったものは600万人。難民は1,000万人に近い……」（松岡、2001, ⅲ）。戦車や水陸両用車は、主食のコメを産出する水田や畑を押しつぶして農民の反感をつのらせ（松岡、2001、192）、子供たちを怯えさせた。夕食時のテレビ・ニュースでは、毎日のように戦死者の映像が映し出される不条理。後世の人たちは、二度の大戦を経験してもなお戦争をくり返す現在の私たちの時代を、殺戮の世紀だったと名づけるのだろうか。私たちは一体いつになったら戦争をやめるのだろう、というヨーコの呼びかけは、「アメリカ」という言葉を「ロシア」という言葉に置き換えてみれば、21世紀に生きる私たちの胸にも突きささる。

Are we gonna keep pretending things are alright?
Are we gonna keep our mouths closed just in case?
Are we gonna keep putting off until it's too late?
Are we gonna be known as the century of fear?
People of America, when will we see?
It's now or never, we've no time to lose

これからも私たちは物事がうまくいっているふりをし続けるのでしょうか？

これからも私たちは、とりあえず今は、と言って沈黙を続けるのでしょうか？

これからも私たちは手遅れになるまで腕をこまねいているのでしょうか？

私たちの時代は恐怖の世紀だったと後世の人に言われるのでしょうか？

アメリカの人々よ、いつ私たちは理解するのでしょう？

いまでなければいつ？　ぐずぐずしてる暇はありません

殺戮の世紀

　第二次世界大戦で投下された爆弾量は610万トンあまり、うち日本には、原爆を除けば、16万4000トンの爆弾が投下された。「ところが1965〜73年に限ってもインドシナ半島には1400万トンを超す爆弾が降り注いだ」。その結果「200万発にのぼる不発弾や地雷の被害は後を絶たず、地中にも動植物にも枯葉剤の影響が残」った。それはジェノサイド（大量虐殺）とエコサイド（大規模生態系破壊）とバイオサイド（大量生物抹殺）といえるほどの甚大な被害であった（松岡、2001、iv）。この事態に、日本国も決して無関係ではなかった。800度の高熱を発する「ナパーム弾の90％は日本製で、部品の状態でベトナムに送られた」。その他に有刺鉄線、兵舎用プレハブ、発電機、ダイナマイト、クレーン、トラック、軍服、靴、遺体袋の提供など、日本の貢献は多岐にわたった（松岡、2001、219）。十数万個の小鉄球や、レントゲンに映

　　　　　　　　　　ジョンとヨーコの政治学

らず摘出が困難なプラスティック断片をはじき飛ばすボール爆弾、嘔吐ガスなど、多種多様な兵器が実際に使われた。誘導装置を備えたスマート爆弾は、日本製カメラが誘導した（松岡、2001、194）。アメリカの空母や原子力潜水艦は「横須賀や佐世保で補給や修理を受けた。横田や岩国は米本土からベトナムに向かう航空機の中継基地だった」。さらに「長く米軍占領下に置かれた沖縄は、そこから米軍が出撃し、また対ゲリラ戦訓練などで彼らを後方支援する基地となった。……ユリシーズ・シャープ太平洋軍司令官は『沖縄なくしてベトナム戦争を続けることはできない』と言明」した（松岡、2001、222）。

　それなのに私たちは、「万一の場合には……」と言って今は沈黙し、「これからも物事がうまくいっているふりをし続けるのでしょうか？」上からの3行は、現在の私たちにも鋭く反省を迫る重い問いだ。後世に記憶される私たちの世紀は、先ほどは「殺戮の世紀」だったが、今度は「恐怖の世紀」と言いかえられている。そして、そのことをいつ理解するのかという問いは、ここでも当時のアメリカの人々にだけかかわるものではないだろう。

　Are we gonna keep digging oil wells and gold?
　Are we gonna keep shooting the ones that tries to change?
　Are we gonna keep thinking it won't happen to us?
　Are we gonna known as the century that kills?
　これからも私たちは油田や金を掘り続けるのでしょう

か？

これからも私たちは変革をもたらそうとする人たちを射殺し続けるのでしょうか？

これからも私たちは、もうそんなことは起こらないだろうと考え続けるのでしょうか？

私たちの時代は殺戮の世紀だったと後世の人に言われるのでしょうか？

石油や石炭は、動力や電気の供給源として私たちの生活を成り立たせる必須の資源である。そうであるがゆえに、石油や石炭を産出する国々は莫大な利益を得ることができる。ここでヨーコが金（gold）というとき、それは金や銀などの貴金属だけでなく、鉄、アルミニウムさらには非鉄金属も含めた希少資源全体を象徴していると考えるべきだろう。それらも希少であり莫大な利益が期待できるので、国々は争ってテリトリーを確保し、海底を掘削し、さらには森林を切り倒す。抑制なく続くそのような活動によって、利益が公平に分配される保証はなく、それは私たちの住む地球の生態系を破壊することにつながっているのではないか。

社会に先駆けて何らかの変化をもたらそうとする人は、多くの人々の理解が得られないとき、しばしば命の危険にさらされる。1960〜70年代のアメリカに限っても、アフリカ系アメリカ人に対する人種差別撤廃の公民権運動をリードしたマーティン・ルーサー・キングは、「私には夢がある」"I Have a Dream" という演説で、「……小さな黒人の少年と少女が小さな白人の少年と少女と、兄弟姉妹として手を握り

合うことができるようになるという夢」を語ったが、1968年、白人男性に射殺された。

　1970年、南ベトナム民族解放戦線（通称ベトコン）への北ベトナムの支援は、カンボジアを経由しても行なわれているとして、アメリカ軍は中立国カンボジアへの爆撃を実施した。これに抗議するケント州立大学の非武装の学生に、オハイオ州兵は銃撃して学生4人を殺害した。私たちはこのようなことを忘れて、もうそんなことは私たちには起こらないと平静を装うのでしょうか。私たちの時代は、ヨーコが言うように、やはり殺戮の世紀として記憶されつづけるのだろうか？

　　People of America, please listen to your soul
　　We can change the times to century of hope
　　'Cause dream you dream alone is only a dream
　　But dream we dream together is reality
　　アメリカの人々よ、あなた方の魂に耳を傾けてください
　　私たちはこの時代を希望の世紀に変えることができるのですよ
　　なぜなら、あなたが一人で見る夢は単なる夢でしかありません
　　でも私たちが一緒に見る夢は現実となるのです

　ここでまたヨーコはアメリカの人たちに呼びかける。あなたたちの魂の奥深くに耳をすませてごらんなさい。人々が穏やかに暮らす平和を夢見る、切実な願いが私たちの内にもあ

るではありませんか。私たちはこの時代を、殺戮や恐怖ではなく、希望の世紀に変えることができます。なぜなら、私たちがそれぞれ一人で見る夢は、単なる個人の頼りない夢かもしれないけれど、みんなで連帯して同じ夢を見るならば、それは正夢となり、希望は現実となるのです。

　政治リーダーは人々の行動をコントロールし、その権力を維持するために、あるいは私的な利益をはかるために、巨額の税金を恣意的に配分する。そして彼らは、ときには「国家を守るために」という大義を掲げて、戦死を覚悟させつつ、兵士つまりは国民を戦地や紛争地域に派遣する。ジョンとヨーコの共同作品である「イマジン」"Imagine" は、政治リーダーたちが牛耳るそのような国家について疑問を投げかけた夢だったのかもしれない。

NOW OR NEVER
ONO YOKO
© 1972 ONO MUSIC
Permission granted by FUJIPACIFIC MUSIC INC.

ジョンとヨーコの政治学

7

「イマジン」
"IMAGINE"

反戦の歌

　「20世紀最大の恋愛事件」(オノ、1990、194) に発展する
オノ・ヨーコとの出会いを経験した頃のジョン・レノンは、
マスメディアにつきまとわれ、ツアーに明け暮れるビートル
ズとして活動することの意義を見失いかけていた。しかし
ヨーコと出会い、彼女の評価と励ましを得て自分自身の考え
と行動に自信をもったジョンは、ヨーコと一緒に、ときどき
の政治問題や社会問題に対して、世間的には奇矯に見える、
しかし二人にとっては思想的な裏付けのある独創的な活動を、
作詞、作曲、彼ら言うところのパフォーマンス・アートとい
う形で次々と展開した。

　さまざまな現れ方をする社会の矛盾といびつな側面すなわ
ち不条理を直感的に見抜くジョンの鋭い政治社会意識が、
ヨーコと出会って後に初めて形成されたというわけではない。
1960年にグループが結成されて以来、早くからビートルズ
のメンバー、なかでもジョンの意識のうちには、当時の最大
の争点であったベトナム戦争、あるいは一般に戦争に対する
嫌悪、そしてそれを阻止したいという気分が濃厚であった。

「プリーズ・プリーズ・ミー」"Please Please Me" が、1963年、イギリスの『メロディ・メーカー』（*Melody Maker*）誌のチャートで1位にランクされたころから、イギリスついでアメリカでもビートルズ旋風が吹き始める。1964年、「抱きしめたい」"I Want to Hold Your Hand" がアメリカのチャートでトップになった直後、アメリカに渡ったビートルズは当地での初めての記者会見を経験する。そのときジョンは「僕たちの歌はすべて反戦の歌である」と発言した（Wiener, 1984, 324）。

そして 1966年6月には、天衣無縫とも見えるビートルズの行動と発言は、ちょっとした政治的な物議を引き起こした。それは、アメリカの敬虔なクリスチャンたちの大規模な反発を招くことになったジョンの発言、「ビートルズはキリストよりも人気がある」よりも2カ月前のことであった。アメリカで発売されたビートルズのアルバム『イエスタディ・アンド・トゥデイ』（*Yesterday And Today*）のオリジナル表紙カバーは、笑顔のグループが血まみれの赤肉をひざに置き、首と胴を切断された赤ん坊の人形をまとわりつかせた、気味の悪いしろものだった（Wikipedia "Yesterday and Today" で確認できる）。とまどいと疑惑を返すディスク・ジョッキーたちの反応に対して、レコード会社キャピトルはすぐさまその表紙のついたレコードを回収することに決めたが、いくつかは修正された新たな表紙をつけて出回った（回収を免れたオリジナルの表紙版と、貼りつけた修正表紙を簡単にははがすことのできた修正版は、コレクターの間で高値を呼んでいるようである）。この事件は、"キリスト発言"ほどの大衆

的な注目を集めることはなかったが、ジョンはそれについて聞かれたとき、あの「肉屋の表紙」(butcher cover) は「ベトナム戦争と関係がある」と答えている（Wiener, 1984, 16-7；Schaffner, 1978, 55；Elliott, 1999, 108）。ウィットも皮肉もなく、ジョンは真剣であった。それは、ジョンのその後の政治的発言と行動を予兆させるに十分なものであった。

　ベトナム戦争がますますエスカレートしつつあったその夏、アメリカの多くの大学で反戦を訴えるデモ、ティーチ・イン "teach-in"、シット・イン "sit-in" などの運動が頻発する。ジョンは新聞やテレビのニュースを注意深くフォローしていた。ニューヨークでビートルズが儀礼的な記者会見を開いたとき、最初の質問者がベトナムにおける紛争についてのコメントを求めた。するとビートルズのメンバー全員が「僕たちは戦争は好きじゃない、戦争は悪だ」と声をそろえて何回かくり返した。ジョンはさらに個人的な意見をつけ加えた。「僕たちはそのことについて毎日考える。戦争は好きじゃない。僕たちは戦争には反対だ。戦争は間違っていると思う」（Wiener, 1984, 17）。その後ジョンは、主流の映画界からはほとんど無視されたが、リチャード・レスター監督の、戦争リーダーたちを痛烈に皮肉る、風刺に満ちた反軍そして反戦の映画『僕の戦争』(*How I Won the War*, R. Lester, 1967) に出演するなど、セレブでありながら同時に、政治的左翼との関係を模索しつつ、鋭い政治的な発言を維持し続ける。

ジョンとヨーコの出会い
　1966年11月、ジョンがロンドンのインディカ・ギャラ

リー（Indica Gallery）で、自身の『未完成の絵とオブジェ』（*Unfinished Paintings and Objects*）という展示会のプレビューを開催中だったオノ・ヨーコと初めて出会ったのはちょうどそのころであった。ジョンは26歳、ヨーコが33歳であったそのとき、二人はお互いに相手が何者なのか、充分には知らされていなかった。地下の展示会に足を踏み入れてジョンが最初に見たのは、200ポンドの値がついたリンゴだった。「僕は傑作だ！と思ったね。彼女の作品にすぐユーモアを感じとったんだ」（Henke, 2003, 27）。そのほか、ボードがあってハンマーがぶら下がっており、その下に釘が置いてあった。その脇には「ハンマーで釘を打ちなさい」と書いたメッセージがあった。観覧者が自分でボードに釘を打つと、そのハプニングの行為自体がアート（Performance Art）だというわけである。

　さらに展示室には天井に向かうはしごがあって、そこから虫眼鏡がぶら下がっている。ジョンはちょっと考えてはしごを登っていき、虫眼鏡をつかんだ。天井には小さな文字が書いてあった。「はしごの上にいるんだぜ——バカみたいに——ちょっとふらついたら落っこちそうだった——虫眼鏡で見ると、そこにはただ〝YES〟と書いてあった。／うーん、その頃のいわゆるアヴァンギャルドとか、ともかく何か面白そうなものは、みんなネガティヴだった。ハンマーでピアノをたたき壊せ！だとか、彫刻をぶっ壊せ！とか、ありきたりでネガティヴだらけだった。すべてに〝アンティ-〟とか、〝反-〟何とか……、たとえば〝アンティ-アート〟、〝反-体制〟……という調子。

　　　　　　　　　　　　　　ジョンとヨーコの政治学

そんな中でただ"YES"という文字は、リンゴと釘があふ
れているそのギャラリーを『こんなガラクタなんて買うもん
か』と言って飛び出す前に、ちょっと僕を引き留めた」
（Elliott, 1999, 71）。「その文字はポジティヴだった。僕はな
んだか安心した。それは〝反〟とか〝ファック・ユー！〟
（Fuck you！）とか言っているわけではない。ただ"YES"
と言っていたんだ」（Henke, 2003, 27）。あらゆるものごと
に対して単に「否」とか「反」と言うだけでなく、肯定的に
考え、積極的に行動するという志向は、その後の二人の生き
方に一貫しているように思える。
　意気投合し、離れられなくなった二人は、お互いにそれぞ
れのパートナーと離婚し、二人の全裸写真のカバーで問題に
なったアルバム『未完成作品第1番〜Two Virgins』（*Unfin-
ished Music No.1. Two Virgins*, 1968）を作成するなど、奇
抜で誤解されやすい、しかしメッセージ豊かなパフォーマン
スを矢継ぎ早に実行する。アムステルダムやモントリオール
のホテルで実施した平和のためのベッド・イン、大きな袋の
中に入ってなおコミュニケーションを試みるバギズムの実践、
巨大な看板を世界の主要都市に掲げる「戦争は終わった」
（War Is Over）のキャンペーン、囚人や労働者ストライキに
寄せた共感（"Attica state"）、左翼政治に接近する間に作っ
た「労働者階級の英雄」"Working Class Hero"や「人々に
権力を」"Power to the People"、偽善と欺瞞に満ちた政治
の告発「真実が欲しい」"Give Me Some Truth"……など。
（いくつかは前述）そのとき、二人の意図と行動を真に理解
した人はごく少数であったようで、それゆえにさまざまな

バッシングも受けた。二人で行なうそれらの派手派手しい活動——本人たちにとっては、それらの活動は真剣であったし、それだけでなく面白く充実していたに違いない——の間に、ジョンの気持ちはますますビートルズから離れていった。

『イマジン』の意味するもの

　『イマジン』（*Imagine*）のアルバムがリリースされたのは、ジョンとヨーコがイギリスを離れ、活動の拠点をニューヨークに移した直後の1971年9月であった。「イマジン」の歌詞の翻訳自体はそう難しくはない。しかしその歌詞からはさまざまに深い意味を読み取ることができる。実際、専門の音楽評論家を含め、歌を聴くすべての人が—もちろんその中には私自身も含まれる—ジョンの真意をきちんとくみ取っているかは疑わしいようである。ジョン自身、「イマジン」が思ったほどには理解されていないことにいらだっていた。

　ウィーナーは皮肉をこめて次のように言う。「ジョンの死後に出版された『ローリング・ストーン』（*Rolling Stone*）誌の記念号は、この歌は『非合理ではあるが美しい』（irrational yet beautiful）世界を描いているといった。どうして非合理なんだ？　どん欲と飢餓があふれるわれわれの世界の方がヨリ理性的（rational）だとでもいうのか。『ビートルマニア』（*Beatlemania*）の著者ロン・シャウムバーグ（Ron Schaumburg）は、この歌を『利他主義的』（altruistic）な歌であるという。利他主義とは『他者の幸福を利己的でなく願うこと』であろう。しかしジョンは、他者を幸福にするために何かを犠牲にしたいと言っているわけではない。彼自

　　　　　　　　　　　　　　ジョンとヨーコの政治学

身も自分のためにそんな世界を欲しているのである。『ニューヨーク・タイムズ』（*New York Times*）紙の評者はそれを『オプティミズム』（optimism）の歌であると言った。確かに楽観的である。しかしあの無数のさまざまな商品広告を載せている、〔そして「あなたがこの商品をもっていない状況を想像してごらん」と始終言っている〕その新聞（"great encyclopedia of advertisements"）が、『私有なんてないんだと想像してごらん』というジョンの呼びかけを、いつから『楽観的』だと考えるようになったんだろう？　世界教会（World Church）は、歌詞の一部を『宗教を一つだ・け想像してごらん』（"Imagine *one* religion"）と代えて使わせてもらえないかとジョンに尋ねた。ジョンはそんな人たちみんなに『あなた達は僕の歌を全く理解していない』と言った」（Wiener, 1984, 160-1：〔　〕は大石の挿入）。

　もっとも近しいはずのビートルズの仲間ポールにさえ、その歌を十分には理解してもらえなかったとジョンは感じたらしい。「ポールは『メロディ・メーカー』誌に『いかにもジョンらしい「イマジン」は好きだよ、しかしほかのアルバムにはあまりにも政治的な歌が多すぎるね』と語った。ジョンは公開された手紙の中で『とすると君は"イマジン"が政治的でないとでも言うのかい？　あの歌は『労働者階級の英雄』に砂糖をまぶして甘くしているんだ、君のような保守主義者のためにね！　君も早く、ロック解放戦線（Rock Liberation Front）に加われよ』と反発した」（Wiener, 1984, 161）。

　まずは「イマジン」をYouTubeで視聴し、その歌詞の意味するところを検討してみよう。

Imagine（John Lennon/Yoko Ono, 1971）

（YouTube "Imagine"）

Imagine there's no heaven

It's easy if you try

No hell below us

Above us only sky

Imagine all the people

Living for today……

想像してごらん　天国なんて存在しないってことを

やろうと思えばそんなに難しいことじゃないよ

足もとのこの下にも地獄なんてないんだよ

上にはただ空があるだけさ

想像してごらん　すべての人が今日のためだけに生きて

いるんだと……

　すぐ分かるように、ここには宗教の言葉がある。キリスト
教、イスラム教、仏教など、ほとんどの宗教に天国そして地
獄、またそれらに似たような観念がある。前者は、正しい信
仰を貫き、善行を積み重ねたものが行くことのできる至福の
世界であり、後者は、信心を怠って悪行を積み重ねたものが
落っこち、永遠の辛苦をなめ続けるところである。一つの宗
教は、他の宗教を異教または邪教と断じ、それを信じること
を禁止する。異教徒は自分たちの正しい宗教に改宗させるべ
き対象であり、それに応じないときは、罰を加え、場合に
よっては殺戮または殲滅してもかまわないと考えてきた。そ
れは当然のことであり、むしろ善行であった。そしてそれを

　　　　　　　　　　　　ジョンとヨーコの政治学

忘れば、死後は必ず地獄に落ちる。キリスト教十字軍のイスラム世界遠征とその地での蛮行や、南アメリカ大陸における原住民大量虐殺などの歴史的事実を思い出し、そしてそれらに対抗する側にも篤い信仰心があったことを想起すれば、宗教はしばしば残虐な大量虐殺、戦争の原因であった。むろん「寛容」の観念と思想が一般化した以降では、話はそう簡単ではない。普通の人にはできない発想と覚悟と辛抱から、宗教がしばしば美しい善行を成し遂げることも事実である。しかし現代でも、やむことのないイスラエルとパレスティナの紛争、28年以上も前に日本でオウム真理教が起こした地下鉄サリン事件を頂点とするいくつかの殺人事件、数千人の死者を出したアメリカの同時多発テロなどには、いずれも未来を思慮する強固な宗教的信念がからんでいた。ジョンのこの歌は、そんな宗教の教えをちょっと忘れてみようよ、というわけである。

　足もとの下の方に地獄なんてないし、頭上を仰いでも天国などはなく、ただ抜けるように青い空がどこまでも広がっているだけである。ずっと将来のこと、死んだ後のことまで心配するのはやめて、今のこの生を大切にしようじゃないか。城山三郎に『大義の末』という小説がある。予科練（海軍飛行予科練習生）を志望した若者たちは、軍神と称えられ、一徹に尊皇の精神を断言的に説く杉本五郎中佐の遺著『大義』（1938）を、熱烈に愛読した。その冒頭が「天皇は天照大御神と同一身にましまし、宇宙最高の唯一神、宇宙統治の最高神」で始まる『大義』の内容の中核部分を、城山はこう要約する。「キリストを仰ぎ、釈迦を尊ぶのをやめよ、万古、

天皇を仰げ。／天皇に身を殉ずるの喜び、なべてのものに許さることなし。その栄を喜び、捨身殉忠、悠久の大義に生くるべし。／皇国に生まれし幸い、皇道に殉ずるもなお及び難し。子々孫々に至るまで、身命を重ねて天皇に帰一し奉れ……」（城山、1975, 24；傍点は大石）。

　天皇を仰ぎ、その国を敬い、自己の命を犠牲にしても永遠の大義（正しい教え：天皇と国家に対して踏み行なうべき道）のために尽くすことこそ喜びである。その幸福は、たとえ皇道（＝大義）のために身命を捨てることになっても、それを凌駕できないほどに大きいものだというわけである。つまりは死後の世界を美化し、したがって死を恐れず、悠久の大義のために命を捨てよ、と言っている。このような考えが内面化すれば、今日の私たちの幸せと生が卑小になることは当然である。戦争に駆り出された多くの庶民は、そのようにして死んでいったのではないだろうか。しかしジョンは、そんなふうに考えることはやめよう、"Living for today,"今、現在、この生を生きよ、と言っているのである。

　　Imagine there's no countries

　　It isn't hard to do

　　Nothing to kill or die for

　　And no religion too

　　Imagine all the people

　　Living life in peace……

　　想像してごらん　国家なんてないんだと

　　そんなに難しいことじゃないよ

　　　　　　　　　　　　　　　ジョンとヨーコの政治学

何かのために殺したり死んだりする　そんな何かなんて
絶対ないよ
　そして宗教もないんだって
　想像してごらん　すべての人が
　平和に暮らしていると……

　この最初の〝せりふ〟はかなり怖い。誰もが一つの国家に
住んでいて、国旗を大切にし、国歌を歌う時は起立を求めら
れる。そして自分の国を愛するようにと教えられる。そんな
当たり前の国家が存在しない事態を、どう想像すればいいの
か。しかし考えてみると、伝統的には戦争の単位は国家で
あった。政治リーダーの命令にしたがって、〝敵国〟とされ
たある国を、別の国が国境を越えて侵略し、そこで大規模な
殺し合いが行なわれるのが常であった。20世紀の二度の大
戦に限っても、数百万の若者が国家によって徴兵され、〝敵〟
――それも同じ若者たちである――と戦って死んだ。それ以上に、
国家と国家の戦争では、老人、女性、子供を含む数千万もの
銃後の非戦闘員が殺された。ケーニヒスベルグは、第一次お
よび第二次世界大戦におけるおびただしい数の戦争死の研究
を踏まえて、「国家には人を殺す権利がある」とさえ言う
（Koenigsberg, 2009, xvi）。地球をはるか上空から眺める宇
宙飛行士たちには、ひとつながりの大地が見えるだけで、国
境など見えないという（毛利、1992, 165）。長くヨーロッパ
列強の植民地であったアフリカや中東の国々を見れば、国境
はしばしば直線である。そのことは、国境というものがいか
に恣意的に、人間によって作られてきたものであるかを示し

ている。そんなことを人々に思い出されては、国境を人為的に引いてきた国々の政治リーダーたちはたまらないだろう。「イマジン」が広くメディアから流れるのを禁止したくなるのも当然である。

"Nothing to kill or die for" の "for" が決定的に重要で、「～のために」という理由あるいは名目で国家は人を殺し、また自国の若者を死地に追いやった。だいぶ以前の拙著『オウム真理教の政治学』（2008）の中でも触れているのであるが、高等小学校卒業後、15歳で海軍に志願して水兵になった渡辺清という人がいる。訓練を経て1942年、彼は戦艦武蔵に乗り組んでマリアナ、レイテ沖海戦に参加し、武蔵沈没に際して奇跡的に救助された。彼は戦地から、漢字の読めない母に手紙を出した。「……ボクハコンドハセンシスルカモシレマセン。デモセンシスレバ、オソレオオクモテンノウヘイカガオンミズカラオマイリシテクダサルヤスクニジンジャニカミサマトシテマツラレルノデス。コウコクノダンシトシテコンナメイヨナコトハアリマセン」（渡辺、2004, 57）。

つまり渡辺清は "Living for today" ではなく、まさに大義に殉じてそのために死ぬことを喜んでいるのであるが、その彼は、復員後の日記でさらにこう書く。「戦場にいる間、俺はひそかに死ぬ機会を待っていた。いざというときは潔く立派に死ぬこと、死んで大義に生きること、それしか考えなかったといってよい。国のため、同胞のため、そして誰よりも天皇陛下のために死ぬこと、天皇陛下の『赤子』として一死をもってその『皇恩』に報いること、それをまた兵士の『無上の名誉』だと信じ、引きしぼるようにその一点に自分

のすべてを賭けていた」（渡辺、2004, 19；傍点は大石）。

　この文型で特徴的なのは、渡辺清がしきりに「～のため（に）」死ぬんだと言い、しかもそれを名誉だと確信していることである。しかしジョンは、殺し（kill）——戦場へは敵を殺すために行くわけであるから——、そして死ぬ（die）ことに値するものなどnothing、何もないと断言しているのである。歴史的に、宗教的信念に基づいて大規模な殺戮が行なわれてきたことはすでに触れた。だから「～のために」殺し、殺されること（殉教）を勧める宗教もないんだと想像してみよう。そうすれば人々は皆、平和のうちに生きていけるのではないか、というわけである。

国家のない世界

　　You may say I'm a dreamer
　　But I'm not the only one
　　I hope someday you'll join us
　　And the world will be as one
　　君は僕のことを夢見る人だと言うかもしれない
　　でもこんなふうに思うのは僕だけじゃないよ
　　いつか君も、僕たちの仲間になってくれないかな
　　そうすれば世界は一つになるよ

　国家のない世界を想像するなんて、「夢見る人」（dreamer）、あるいは単なる空想家と思うかもしれない。しかしどんな理想的な人間関係のあり方やユートピアも、まずは夢見ることから始まる。現実を越えるためには、想像することの

大切さを忘れてはならないだろう。現に、ついこの前までいがみ合い、争いに争いを続けてきたイギリスとフランスとドイツであるが、民主化が十分に成熟した今となっては、将来これら3国がお互いに武力戦争を始めるとは想像できないであろう（おっと、想像することは大切だといったばかりではあるが……）。これら3国だけではない。周辺のイタリア、オーストリア、スペイン、ポルトガル、オランダ、ベルギー、さらにはポーランド、ハンガリーなど東ヨーロッパ諸国を含めて30カ国近くがヨーロッパ連合（EU：European Union）を形成している（2020年、イギリスは離脱）。さまざまな意見の違いや対立があるにしても、これらの国々の間に、近い将来、大規模な国家間での戦争が起こるということは考えられないであろう。以前は独立国家の象徴であったその国独自の貨幣についてみても、今では20カ国（2023年4月現在）でユーロ（EUR）に統一されている。他国を訪れる際も、以前のように各国ごとに紙幣やコインを手に入れて、お金の単位を計算するなどという頭の痛くなる作業はもはや不要である。訪問国のビザをとり、パスポートを見せるなど、厳しい出入りのチェックがあった国境は、列車に乗っていれば何ということもなく通過し、他国の駅に降り立ってもそれらを見せることは要求されない。JRの改札口を出てそのまま歩き出すのとまったく同じ感覚である。あるいは旅客機に乗って他国の飛行場に着いても、EU加盟の国々の人はほとんどビザやパスポートの提示を求められないようで、入国のための行列はどんどんはけてうらやましい限りである。つまり今のところヨーロッパ地域に限られてはいるが、国家間の壁はど

んどん低くなっていて、ひとつの世界に近づいているとも言える。同じことが私たちの住む東アジアでも、将来、絶対に起こらないとは言えないのではないか。

> Imagine no possessions
> I wonder if you can
> No need for greed or hunger
> A brotherhood of man
> Imagine all the people
> Sharing all the world……
> 想像してごらん　所有とか私有なんてないんだと
> 君にできるかな
> でも私有がなければ　どん欲も飢えもなくなるだろう
> だって人はみな兄弟みたいなものなんだから
> 想像してごらん　すべての人が
> この世界のすべてを分かち合っているんだと……

　これもまた大胆な発想である。私たちは、これも欲しい、あれも欲しいと言い、これは俺のものだ、あれは私のものだと主張する。そんなことを忘れてみろというのであるから、これは確かになかなかできない。しかし「私が買えるこのネックレスを、あなたもつけていいよ」とか「私が買うこのティラミスを、あなたも食べていいんだよ」と誰もが言い合えば、人々はどん欲になる必要はないし、飢える人もなくなるだろう。このような態度が地球規模で、流行りの言葉でいえば〝グローバル〟に広まれば、国家同士の強欲と争いも、

地球上の多くの地域での飢えもなくなるであろう。

　18世紀の思想家ルソーは私有財産や所有権の観念から、多くの争いや闘いが生まれ、人々の間に力の不平等が確立したと考えた。19世紀の思想家マルクスも、私有財産こそが人々の間の階級的支配の源泉だと言い、〝ブルジョア的〟所有の廃止を主張した。私有とか所有ということが完全になくなる事態は考えられないかもしれないが、しかし理念の具体的内実は置いておくとして、「友愛」とでも訳せる "a brotherhood of man" の精神が行き渡れば、誰もが資源や食料や〝ワクチン〟のひとり占めを主張することはないわけで、世界がすべての人々にとってもっと住みやすいものになることは間違いないだろう。国境を越えて影響が及ぶ環境問題、そして新型コロナ・ウイルスの世界的蔓延の経験からも、私たちは確かにこの緑と水の地球を共有して、つまり分かち合っているんだと考えることは、ジョンとヨーコが半世紀も前に先走って歌った時よりもいっそう必要になっているのではないか。

　　You may say I'm a dreamer
　　But I'm not the only one
　　I hope someday you'll join us
　　And the world will live as one

　この節は、一つ上の節とほとんど同じなので翻訳は省略しよう。ただ最後の1行だけは、上の節では "And the world will be as one" であるが、ここでは "And the world will live as one" となっている。ほとんど同じ意味と思われるが、

日本語でも伝えたい内容が一つの言い方で十分には表現できないと感じたとき、私たちも似たようなもう一つ別の言い方をすることがときにある。ジョンもそのように感じてちょっと言い方を変化させたのかもしれない。もっとも "live" という言葉を使えば、もし私たちが私有あるいは所有という観念を多少とも薄めることができれば、世界は争いのない一つのものとして機能するだろう、という感じは出てくると思う。

というわけでこの「イマジン」という歌は、戦争や争いに従事している国家の政治リーダーたちにとっては、なんとも都合の悪い歌なのである。〝古傷〟をチクチクとつつかれ、人々に思い出して欲しくない事実を思い出させ、戦いの大義に疑問を抱かせかねない危険な歌でもあるのである。表現の自由を誇示するイギリスやアメリカというデモクラシーの国々が、表立ってこの歌を禁止することはできない。しかしホンネは歌って欲しくない。だから自粛させるのである。

ニクソン政権時代、ウォーターゲイト侵入事件を始めホワイトハウスが画策する数々の謀略実行の中心人物であったゴードン・リディ（Gordon Liddy）は、自分の子供が合唱会で歌う曲目の中に「イマジン」が入っているのを知ると、すぐに禁止させた（Leaf & Scheinfeld, 2000, 特典Disc）。反戦運動の象徴のように歌われたこの歌を、政治リーダーたちはこのように恐れたのである。ジョンが言ったように、砂糖をまぶして一見甘くしてはあるが、実は非常に危険な歌なのである。

ヨーコの影響

ところで、一般にはジョンの名曲と言われている「イマジ

ン」であるが、それができあがるまでにはヨーコの影響がすこぶる大きい。"Imagine……" という命令形は、もともとヨーコがすでに1950年代から始めていたらしいインストラクション作品（instructional poems）のコンセプトからきている。彼女は1964年に限定500部の『グレープフルーツ』（Grapefruit）という本を東京で出版し、さらにその後の作品が付け加えられて増補版が1970年に出版された。それは「地球が回る音を聞きなさい」「盗みなさい／水に映った月を、バケツで／盗み続けなさい／水の上に月が見えなくなるまで」（オノ、1993, 38）などという、意表をついて私たちの想像力を限りなく刺激する作品集であるが、そのなかにはこんな指示もある。「ペニスであなたの脳のなかをかき回しなさい／中身がよく混ざるように／散歩しなさい」（Ono, 2000, 114）[24]、「一緒に寝た男をすべて殺しなさい／骨を箱の中に入れ　花と一緒に海に流しなさい」（ibid. 154）….など、マジにとったら大変なことになる作品であり、知り合って後に贈られたジョンもはじめは戸惑ったようだ。しかしすぐにその本の奇抜さと面白さ、そしてヨーコの才能を認め、1970年版には自ら序文を書いている（Elliott, 1999, 75-6）。

　ジョンが他界する直前、1980年の最後のインタビューでは、「イマジン」をつくるにあたってヨーコの本が与えた影響について、ジョンは正直に語っている。「あの歌は実際には〈レノン／オノ〉の作とすべきでさ、多くの部分が――歌詞もコンセプトも――ヨーコの方から出ているんだけど、あのころは僕はまだちょっと身勝手で、男性上位で、彼女に負っているという点をオミットしちまったんだな。でも本当

　　　　　　　　　　　　ジョンとヨーコの政治学

にあれは彼女の『グレープフルーツ』という本から出ているんで、あれを想像せよ、これを想像せよというのは全部彼女の作であることをここにまことに遅ればせながら公表します」。これに対して、ヨーコもしごく寛容である。「ええ、でもあの頃二人でやった仕事は全部お互いに刺激しあって生まれたんだし、あれもそう。刺激されざるを得なかったのよ」（BBC, 1981, 43-4；池澤訳、1981，80）。そして2017年6月、ヨーコの主張が認められて、「イマジン」はジョンとヨーコの共作ということになった。ジョン（とヨーコ）の理想が彼らしい率直な言葉で切々と伝わる歌いやすいメロディであるが、うちに鋭い政治的な〝毒針〟を秘めるこの「イマジン」を、じっくりYouTubeで視聴してみよう。

　1971年9月、ジョンとヨーコがニューヨークに移り住んですぐ『イマジン』は発売され、その年の12月、ミシガン州で反戦活動家のジョン・シンクレア（John Sinclair）を支援するコンサートに出演した二人、とくにジョンは、若者たちからの熱烈な人気を証明した（p.101参照）。ベトナム戦争を強く批判し、アメリカ国家に対峙する姿勢が鮮明となった二人に対し、翌72年3月、アメリカ政府は国外退去を命じた。しかし反戦のための集会に参加するなど、国家や政府に対する批判的な言動を続ける二人に、73年3月23日、移民局はヨーコの永住は認めたものの、ジョンについては60日以内に国外退去するよう再度命令した。その1週間後のエイプリル・フールの翌日、二人はニューヨークで開いた記者会見で、「イマジン」の理念に呼応する、冗談ともつかぬ奇

妙な「宣言」を発表した。

「私たちはここに、概念上の国家、『ヌートピア』（NUTO-PIA）の誕生を宣言します。この国家の市民権は、NUTO-PIAを知っていると宣言するだけで、獲得できます。NU-TOPIAには領土はなく、したがって国境もないので、パスポートは不要で、ただ国民が存在するだけです。NUTOPIAには法律はありませんが、秩序はあります。NUTOPIAの国民はすべて、この国家の大使です。私たちはNUTOPIAの二人の大使として、私たちの国家とその国民に対して、国際連合での外交特権と承認を要求します」。John LennonとYoko ono、二人の署名があり、日付は1973年4月1日である（Wikipedia：ʺJohn Lennon – Declaration of Nutopiaʺ）。

NUTOPIAは、ʺnewʺと15〜6世紀の思想家トマス・モアが現実の政治・国家を風刺して描いた理想国家『ユートピア』（Utopia）との合成語である。NUTOPIAには政府はなく、戸籍のような国民管理のための記録もないので、人口は不明である。これはもちろん、アメリカ国家移民局が、永住するためのビザ取得をジョンに拒否し続けていることに対する痛烈な皮肉であった。記者会見でジョンとヨーコは、白一色のティッシュ・ペーパーを取り出し、「これがNUTOPIAの国旗です——私たちは平和と愛に降伏するんです」とティッシュを振りながら宣言した。そのうえでジョンは、そのティッシュで鼻をかんだという（Wikipedia ʺNutopiaʺ：Nov. 2022）。

また国歌については、73年11月に発売されたアルバム『マインド・ゲームズ（ヌートピア宣言）』（Mind Games）の中に「ヌートピア国際讃歌」ʺNutopian International Anthemʺ

　　　　　　　　　　　　　ジョンとヨーコの政治学

とあるが、歌詞も歌唱もなく、ただ6秒間の無音状態がある
だけである。ジョンによれば、「この沈黙の時間に自分の好
きな歌を思い浮かべれば、それが国歌になる」らしい（猪俣
憲司・根木正孝）。これでは起立して歌うわけにもいかない。
国家の権威など、ジョンとヨーコにかかっては、ユーモアと
ともにぶっ飛んでいる[25]。

IMAGINE
LENNON JOHN/ONO YOKO
© LENONO MUSIC
Permission granted by FUJIPACIFIC MUSIC INC.
Authorized for sale in Japan only

8

「私たちはみんな水なのよ」
"WE'RE ALL WATER"

『サムタイム・イン・ニューヨーク・シティ』

ジョンとヨーコがイギリスを去り、ニューヨークに住み始める1971年9月直前の7月、世界を震撼させる出来事があった。B52が北ベトナムを爆撃し、戦争が泥沼化して東西対立の冷戦がピークにある最中、旧ソ連を中軸とする東の陣営内で、新たに中ソ対立が深刻化してきた。すると「敵の敵は味方」「昨日の敵は今日の友」とばかりに、米中接近が模索され、7月15日、電撃的なニクソン訪中宣言が発表された。そして72年2月末、ニクソンは実際に中国を訪問し、毛沢東と握手する。それまで激しい言葉で相手を攻撃していた両国が、一転、手を結ぶというのであるから、二つの政府の発言、やりとりを主な情報源としていた世界中の人々はあっけにとられた。それはあたかもG・オーウェルの『一九八四年』という小説の中で、人々が、昨日までイースタシアと交戦状態にあったオセアニアが今日は突然イースタシアと平和状態になり、それまで平和状態であったユーラシアと突然戦争状態に陥った、という政府発表を聞かされたと同じような状況であった。

ジョンとヨーコの政治学

政治リーダーはしばしば上から、われわれをとりまく状況についての定義づけを行ない、われわれの行動をそれに向けて適応させる、あるいは動員しようとする。「今は戦争状態だ。(＝状況の定義) 仲たがいしている場合ではない」と言って、反対派の活動を抑制、コントロールするわけである。1971〜2年の、政治リーダーによるこの唐突な「状況の定義」の変更にとまどい、多くの人々がとっさにはそれに適応できかねていたころ、事態の異常さを鋭く感じとったヨーコは、奇想天外な歌を発表した。

　ヨーコの歌を含む『サムタイム・イン・ニューヨーク・シティ』(*Some Time in New York City*, 1972) という、ジョンとの共同制作による2枚組のアルバムは、多くの音楽批評家たちから酷評され、商業的にも成功とはいえなかった作品である。しかし政治学という観点からみると、このアルバムは非常に興味深く、驚くほど生々しくその当時の政治的トピックをとりあげた歌を含んでいる。

　その一つ「ジョン・シンクレア」"John Sinclair"(Lennon) は、大麻たばこ2本を持っていたところをFBIのおとり捜査でつかまり、懲役10年の実刑判決を受けて服役していた反戦活動家ジョン・シンクレアの釈放を要求した曲である。曲は、71年12月10日、ミシガン州アン・アーバーでの支援コンサートで、ヨーコも加わって初演された。1万5000人の熱気あふれる聴衆を前に、アレン・ギンズバーグ、ボビー・シール、ジェリー・ルービン (後述) なども演説した集会は翌日にかかって延々8時間に及び、その2日後、突然シンクレアは釈放された (YouTube "John Sinclair Freedom Rally")。

反戦、反ニクソンの主張にあふれたこの集会を、FBIは注意深く監視し、情報提供者は曲の歌詞をメモしてFBI長官フーバーに報告した。FBIはこの歌詞を〝機密文書〟と位置づけ、20年間、公表を避けた。アルバム・ジャケットには、同じ歌詞がしっかり印刷されているというのに……（Wiener, 2000, 14-23）。

　そしてこれ以降FBIは、若者に対するジョンの巨大な影響力を警戒し、尾行、電話の盗聴など執拗な監視を続け、またCIAやニューヨーク市の移民帰化局と謀って、ジョンとヨーコに国外退去処分を下そうとした（Cf. Wiener, 1984, Chap. 20；Leaf, David and John Scheinfeld, 2006）。そのほか、71年9月、強硬な鎮圧で43名の死者を出したアメリカ史上最悪の囚人暴動に関し、ニューヨーク州知事N・ロックフェラーの責任をつく「アッティカ・ステイト」（Lennon/Ono "Attica State"（Attica Stateは、重大な犯罪を犯した犯罪者たちが収容され、厳重な警戒態勢がとられていた刑務所）、（注16）で触れた北アイルランドにおける「血の日曜日事件」（1972年1月）を非難する「血まみれの日曜日」"Sunday Bloody Sunday" などもこのアルバムに収められている。

　『サムタイム・イン・ニューヨーク・シティ』のレコード・ジャケットは、ジョンとヨーコ二人のコンセプトにより、アメリカの一流紙『ニューヨーク・タイムズ』をパロディ化したものである。歌のタイトルと歌詞は新聞記事のように配列され、いくつかの写真とともに随所に皮肉っぽい機転と工夫がこらされており、これはこれで二人の才気煥発を示す面白い作品である（2枚組CDケースのカバーも同じデザイン

　　　　　　　　　　　ジョンとヨーコの政治学

であり、ウェブ上で確認できる）。この中にあるヨーコが作詞・作曲した「私たちはみんな水なのよ」"We're All Water" という歌をとり上げてみよう。歌詞の上にある写真の中で、素っ裸で踊っている年配の男2人は誰であろうか？　もちろん当時のアメリカ大統領ニクソンと中国の毛沢東主席（1913—1976：中国の政治家、軍人、思想家；1949年建国以来、76年に死去するまで最高権力者）である。曲は軽快なテンポで、ヨーコ自身が歌っている。コーラスのあとに聞こえる、パフォーマンスとしてのヨーコのスクリーム（scream：叫び、奇声）がまたすごい！

We're All Water（Yoko Ono, 1972）

（YouTube "We're All Water"）

There may <u>not be</u> much difference[26]

Between Chairman Mao and Richard Nixon

If we strip them naked

毛〔沢東〕主席とニクソンとでは

大した違いはないわよ

もしも二人を裸にしてみれば

それはそうであろう。毛沢東は79歳、ニクソンは69歳であるから、裸にすれば二人とも単なる老人に過ぎない。しかしどちらも、大国の最高権力者である。その二人を素っ裸にして踊らせているのだから、権力者を皮肉るヨーコの度胸の良さ、発想の奇抜さには度肝を抜かれる思いである。現在でいえば、バイデン大統領と習近平主席を裸にして踊らせたよ

うなものである。しかも発想の奇抜さというだけでなく、ヨーコは、この写真こそはこの歌の論点を象徴するものであることを明確に意識していた。さすがにしかしレコード会社はビビったようで、ジョンとヨーコには知らせないまま、毛沢東とニクソンの上に紙を貼って二人の写真が見えないようにしてしまった。この経緯を二人は次のように語っている。

「YOKO　で、あの……　レコード・ジャケットに毛主席とニクソンが裸で一緒に踊っているところがあって、これは大事な闘うべきポイントだとわたしは思っていたのに、会社ではわたしたちに何も言わずにそこの上にセールス・スタンプか何かを貼っちゃったのよ。」／「JOHN　湯気でやっても剥がれないんだから、つまり誰にも毛沢東とニクソンは見えないわけさ。」／「YOKO　これがレコード会社がわたしたちにしたことなのよ。」／「JOHN, YOKO　内緒でこっそりとね。」……「YOKO　つまりレコード会社は、わたしたちがいつも論争や騒ぎやなにかの種になるんで、本当におびえてしまって、それであんなことをはじめたのね。彼らがあんなにおびえたというところがおもしろいのよ」（BBC、1981，47；池澤訳、1981，86-7；傍点は大石）。

大した違いはない

　このアルバムの中にはジョンとヨーコの共作で、すぐ後で取りあげる「女は世界のniggerだ」"Woman Is the Nigger of the World" というすぐれた歌がふくまれているが、そこで使われている "nigger" という言葉を理由に、多くの放送局がそれを放送で流すことを拒否した。しかしこのアルバム

がさまざまに手ひどいバッシングを受けたのは、それだけが
理由ではないだろう。同じようにラディカルな政治的メッ
セージを含むとしても、ボブ・ディランの曲風とはまったく
異なる、個人名や国名を名指ししての告発、非難、支援、表
現の直截さ（straightforwardness）と過激さも、影響してい
たのではないか（Cf. Wiener, 1984, 213-18）。

> There may not be much difference
> Between Marilyn Monroe and Lenny Bruce
> If we check their coffins.
> マリリン・モンローとレニー・ブルースとでは
> 大した違いはないわよ
> もしも2人の棺を調べてみれば

　驚いた！　歌詞のなかに棺（＝棺桶）を歌いこんだ歌など
あるのだろうか？　しかしともかく、それはそうであろう。
棺は棺であり、それらの中をチェックしてみても、そこには
土に帰るべき、あるいはすぐ後でヨーコが言うように、蒸発
してしまう死体があるだけだろう。一方のマリリン・モン
ロー（1926—1962）は、1950年代から60年代にかけての
いわば〝セックス・シンボル〟であり、当時の超有名人であっ
たプロ野球選手のジョー・ディマジオ（Joe DiMaggio：
1914—1999）や、『セールスマンの死』で知られる作家の
アーサー・ミラー（Arthur Miller：1915—2005）と結婚。後
年では、第35代大統領ジョン・F・ケネディ（John F. Kenne-
dy：1917—1963）や、その弟のロバート・ケネディ司法長

官（Robert Kennedy：1925—1968）とも関係があったといわれる。

　他方のレニー・ブルース（Lenny Bruce：1925—1966）は、1950年代から60年代に活躍したもっとも有名なコメディアンの一人で、毒舌、皮肉、辛辣な風刺、わいせつなしゃべりと表現で知られ、舞台でのしゃべりがわいせつであるとして、何度も起訴、逮捕されている。アメリカのいくつかの都市は彼のショーを禁止し、オーストラリア、シドニーでのショーでは、登場したとたんに「なんてチンケなすばらしい観衆なんだ！」"What a fucking wonderful audience！"とやって、その場で逮捕された。活動を制限され、経済的に困窮した彼は、1964年に起訴された〝わいせつ罪裁判〟（obscenity trial）がまだ継続している間に、薬物中毒で死亡した。葬式費用は、ビートルズやジョン・レノンのアルバムをプロデュースしたフィル・スペクター（Phillip Spector：1939—2021）が出したという。しかし、死後37年たった2003年、「平和にチャンスを」のところで触れたスモザーズ・ブラザーズらの請願により、ニューヨーク州知事ジョージ・パタキが恩赦を与え、起訴は取り下げられた。

　マリリン・モンローはいくつかの映画の賞を獲得し、人々の賛嘆のうちにおそらくは薬物自殺で他界。他方のレニー・ブルースは、〝わいせつ罪裁判〟の被告という、いわば汚濁のうちに死亡した。一方は官能的な容姿で人々（むろんその多くは男性）を魅了し、他方はどぎつい、しかし真実をついた風刺と〝下半身ギャグ〟で当局（そしておそらくは良識的な一般の人々）からの怒りと嘲笑を買ったわけであるが、ど

ちらもいわば率直なエロティシズム（人間的真実の一側面には違いない）を刺激したという点では変わりはないと、ヨーコは言いたかったのではないか。だからこそ二人の棺に目をつけて「大した違いはないわよ」と歌ったのだろう。

There may not be much difference
Between White House and Hall of People
If we count their windows.
ホワイトハウスと人民大会堂では
大した違いはないわよ
もしもそれらの窓の数を数えてみれば

　この歌詞では、ホワイトハウスはいいとして、対比されているHall of Peopleは、おそらくは北京の天安門広場西側にある人民大会堂のことと推測される。その英語表記は正確にはThe Great Hall of the Peopleであるが、歌詞の中では単にHall of Peopleと略記しているのであろう。そのようなものであるとすれば、一方はアメリカで最高の権力者が住み、厳重に警備されていて、人々が畏敬の念をもって接する威厳ある建物であり、他方は、中国政府や中国共産党が全国人民代表大会の議場として使用し、さらには外国使節・賓客を接受するために使用される重要な公共建築である。いずれにしてもしかし、それらの窓の数を数えるのであれば、つまり視点を変えてそれらを見れば、二つの建築物に大した違いはないと言っているのであろう。

There may not be much difference
Between Raquel Welch and Jerry Rubin
If we hear their heartbeat.
ラクウェル・ウェルチとジェリー・ルービンとでは
大した違いはないわよ
もしも二人の胸の鼓動を聞いてみれば

　ラクウェル・ウェルチ（1940―）とジェリー・ルービン
（1938―94）との対比の意味についても、ヨーコの意図に私
として確信があるわけではない。シカゴに生まれたウェルチ
は、天気予報のキャスターやハリウッドでの下積み生活を経
て、1966年の『ミクロの決死圏』（*Fantastic Voyage*）で一
躍スターとなり、同じ年イギリスで制作された『恐竜百万
年』（*One Million Years B.C.*）では、毛皮のビキニ姿で一世
を風靡する。彼女は1960年代、70年代のセックス・シンボ
ルの一人であり、『プレイボーイ』（*Playboy*）誌は、1970年
代の "Most Desired Woman" に選んだ。あけすけにいえば、
雑誌が雑誌であるから「男がもっとも抱きたくなる女」とい
うことであろう。彼女はその後も映画、TV、美容関連ビジ
ネスの世界と、幅広く活躍している。
　他方でシンシナティ生まれのジェリー・ルービンは、過激
なアメリカの社会活動家であり、渡航を禁止されていた
キューバへの旅行で、革命家チェ・ゲバラ（Che Guevara：
1928―67）に会い、その影響を受けた。シンシナティ大学
で学位を得たルービンは、さらにカリフォルニア大学バーク
レー校大学院に進むが、ドロップアウトして政治・社会活動

に専念する。彼はベトナム戦争への抗議行動を組織し、イッピー（Yippies：Youth International Party：60年代、過激な反戦運動、反体制文化を志向し、有名人も多くふくんだ組織）の創立者の一人となる。1968年にシカゴで開催された民主党全国大会では、場外でベトナム戦争反対を叫んで警察と衝突し（公式には"police riot"と呼ばれている）、7人の他のリーダーとともに暴動の謀議と扇動の罪で逮捕・起訴された。いわゆる「シカゴ・エイト」"Chicago Eight"（後にリーダーの一人であるボビー・シール（Bobby Seal）が抜けて"Chicago Seven"となる）の一人である。

　さらに彼は「法廷侮辱罪」などで起訴されたりもするが、検察側の不法行為などもあり、結局は上級審で逆転無罪となる。ルービンの反体制的な信念は、著書『Do it！：革命のシナリオ』（*DO IT！：Scenario of the Revolution*, 1970）などに見られるが、そこで彼は過激な地下組織、ブラック・パンサー党（Black Panther Party）、LSD、女性解放運動、そして近づきつつある革命などに触れており、それらは当時のアメリカ社会ではもっとも受け入れられない不人気なトピックであった。つまりルービンは当時のアメリカ社会では「もっとも嫌われた男」"Most Hated Man"であったといえる。

　しかしラクウェル・ウェルチにしてもジェリー・ルービンにしても、確かに彼らの胸の鼓動を聞いてみれば、二人の間に大した違いがあるわけではない。ヨーコは、言い立てられた一面的な差のみに注目する、われわれの側の作られた偏見を一度取っ払ってみろと言っているのではないか。

Chorus :
We're all water from different rivers
That's why it's so easy to meet
We're all water in this vast, vast ocean
Someday we'll evaporate together
コーラス：
わたしたちはみんな違った川からの水
だからたやすく出会えるのよ
わたしたちはこの巨大な大洋の水
いつか一緒に蒸発してしまうのよ
（ヨーコの奇声）

　一見するといかにもニヒルである。しかし根本に感じられる志向は否定的ではなく、むしろ肯定的と言える。人間の体重の70％は水分であるという。皮膚の色、身長、考え方はそれぞれ違うにしても、各自の体重の7割が水分であるということには変わりない。水は、どこから流れてきた水であっても、それらはたやすく混じり合える。そして最後には大きな海に流れていく。さらに大洋の海水は、いつかは蒸発して雲となり、雨となって再び地球に降り注ぐ。そのくり返しであって、人間の一生など、地球の営み、歴史のほんの一瞬、一コマに過ぎない。
　「その人間たちがわずかな各人の違いを言い立てて、お互いに殺し合うなんて、なんてくだらないことでしょう！　現に、あんなに激しくののしりあっていたニクソンと毛沢東が、いつの間にか出会って笑顔で握手したではないですか。そん

　　　　　　　　　　ジョンとヨーコの政治学

なことなら、なぜことさらに、お互いが不倶戴天の敵である
かのように非難し合い、人々にそのように吹き込み、対立す
る陣営の若者たちに殺し合いをさせた（る）のでしょう
か？　ったく冗談じゃないわよ！」このコーラスのフレーズ
は、結局このようなことを言いたかったのではないか。そこ
には、政治リーダーの恣意的な決定に対する、痛烈な怒りと
皮肉が感じられないだろうか。

　日本の歴史をふり返ってみても、似たようなことを思い出
すことができる。戦時中には「鬼畜米英」というスローガン
があった。これはリーダーによる恣意的なネーミングであり、
状況の定義に他ならない。しかし戦後、そして今は一転して
「日米同盟は日本外交の基軸」という。だとすれば、日本と
アメリカの若者たちによる殺し合いは一体何だったのであろ
う？　日本を盟主として掲げられた戦時中の「大東亜共栄
圏」に代えて、鳩山由紀夫元首相は友愛に基づいた「東アジ
ア共同体構想」を謳った。それなら、過去に中国や朝鮮半島
の人々を見下し、拉致し、殺害したあの戦争は何だったのだ
ろう？　この歌のもつ普遍的な意味は、こんなふうにまで射
程を伸ばすことができるのではないか。

二人の涙

There may not be much difference
Between Eldridge Cleaver and Queen of England
If we bottle their tears
エルドリッジ・クリーバーとイギリス女王とでは
大した違いはないわよ

8——私たちはみんな水なのよ

111

もしも二人の涙をボトルにつめてみれば

これも意外な対比である。アーカンソーに生まれたラディ
カルな知識人、社会評論家でもあったエルドリッジ・クリー
バー（1935—1998）は、1957年、白人コミュニティに対す
る復讐を意図して白人女性をレイプする。その結果、強姦の
罪で逮捕され、殺意をもった暴行の容疑で起訴された。彼が
その獄中で書いた哲学的・政治的エッセイ集は、後に『氷の
上の魂』（*Soul on Ice*、1968）として出版され、『ニュー
ヨーク・タイムズ』の書評欄では「すばらしいし、啓発的で
ある」と評された。

1966年に釈放されたクリーバーは、黒人過激組織ブラッ
ク・パンサー党（Black Panther Party）に加わり、最も影響
力のある幹部リーダーを務めた。彼がブラック・パンサー党
に加わったのは、ゲットー地区の黒人たちを、あたかも植民
地人に対すると同じように抑圧する警察に対して、その党が
真剣な武装闘争にコミットしていたからである（Cleaver, 1967）。

植民地主義といえばすぐに思い出されるのは大英帝国
（British Empire）であろう。大英帝国についての詳しい説
明はここでは省略するとして、17世紀ころから始まるイギ
リスの海外植民地経営と帝国主義的拡張は、アメリカを独立
で失ってからはアフリカとインド、さらには東南アジアやオ
セアニアへと拡大する。その間先行していたオランダ、フラ
ンスと各地で戦争を起こし、そしてむろん進出して植民地と
した地域では、それは必然的に多かれ少なかれ先住民の抑圧、
レイプ、虐殺をともなった。そのイギリス帝国の象徴が、当

時の女王である。柔和でやさしい笑顔の背景には、血塗られた植民地主義、帝国主義の歴史があるわけである。そのようなことを考えれば、なんとも不遜な対比ではあるが、エルドリッジ・クリーバーとイギリス女王（Queen Elizabeth Ⅱ、1926—2022）との間に大した違いはないと言えるかもしれない。ましてやボトルにつめた彼らの涙に違いがあるはずもない。

There may not be much difference
Between Manson and the Pope
If we press their smile[27]
マンソンとローマ教皇とでは
大した違いはないわよ
もしも二人の笑顔写真を見れば

　この歌詞の対比も奇想天外である。マンソンとは、1960年代のカリフォルニア州に現れた、マンソン・ファミリー（Manson Family）として知られるヒッピー風の小さなカルト集団、あるいは犯罪的な疑似コミューンのリーダー＝グルであるチャールズ・マンソン（Charles Manson：1934—2017）のことであろう。マンソンは、聖書の「黙示録」を独自に解釈し、ファミリーが残酷な人種戦争の引き金を引いて白人を全滅させ、世界に終末を強要する役割を果たすと想像した（Cf. Lifton, 1999, Chap.19）。マンソンに教唆されたメンバーは、1969年8月、映画監督ロマン・ポランスキーの妻で女優のシャロン・テートら7人を殺害し、さらに裕福な実業家レノ・ビアンカ夫妻を殺害するなど、数々の犯罪に

かかわった。

　ローマ教皇は、世界のカトリック教会全体の首長であり、全世界のカトリック教徒の精神的指導者である。上に述べた女王を頂点とするイギリス帝国は、ポルトガル、スペイン、フランスといったカトリックの国々と対立する、いわば「プロテスタントの帝国」であった。これに対して、イギリスに先立つ16世紀以降から始まるポルトガル、そしてとくにはスペインによるアメリカ大陸の植民地化は、布教を目指すカトリック教徒の宗教的情熱に支えられていた。それは、カリブ海沿岸のプエルトリコ、ジャマイカ、キューバといった島々から、メキシコ、中央アメリカ、南アメリカへと拡大し、先住民が築いていたアステカ王国、マヤ王国、インカ帝国などを次々に征服する。その過程はむろん、金銀の略奪だけでなく、彼ら自身が持ちこんだ疫病と相まって、おびただしい数のインディオを殲滅する徹底的な文明の破壊であった。

　このようなことを想起すれば、マンソン・ファミリーの殺人事件は確かに残虐なものに違いないが、神々しく世界平和を説くローマ教皇の過去も、イギリス女王にも増して、血塗られたものと言える。しかしもちろん、マンソンと教皇の笑顔写真に大した違いがあるわけではなかろう。

There may not be much difference
Between Rockefeller and you
If we hear you sing
ロックフェラーとあなたとでは
大した違いはないわよ

　　　　　　　　　　　　　ジョンとヨーコの政治学

もしも二人が歌うのを聴いてみれば

　ロックフェラーといえば　誰でも知っているアメリカの企業家で大富豪の家系である。たとえどの（分家した、あるいは何代目の）ロックフェラーであっても、富はむろん政治的影響力という点からみて、私たちとは天と地ほども違う雲の上の人に思える。しかしカラオケで歌わせてみれば、私たちと大した違いはないかもしれない。ともかく同じ人間なのだから。3行目のyouは、ロックフェラーとあなた方、つまり私たちを指す複数のyouと考えた方がいいだろう。大富豪、政治的有力者とはいっても、私たちと同じ人間であるという原点だけは忘れないようにしようというのだろうか。

　There may not be much difference
　Between you and me
　If we show our dreams
　Chorus :
　あなたと私とでは
　大した違いはないわよ
　もしも二人の夢を見せ合ってみれば
　コーラス：〔上記（p.110参照）のコーラスと同じなので略〕

　オノ・ヨーコと私（たち）とを比べてみれば、才能もリッチの度合いも段違いであろう。しかしお互いの夢を語り合ってみれば、意外に共通するところがあるかもしれない。その夢が、時々うなされる怖い、しかし他愛ない夢なのか、それ

とも「イマジン」が描いたような平和な世界についての夢なのか、そこのところはよくわからない。しかし夢は夢であり、表面的な違いにとらわれることなく、視点を変えてみれば、人間と人間との間にそんなに大きな違いはないと言いたいのであろう。

　ここで最後にまた先ほどのコーラスが入る。私たちの体はみな同じように大部分は水からでき上がっている。だからすぐ混じり合えるのである。宗教、民族、政治的な考え、あるいは性的志向など、多様ではあるが同じ人間であるという点から見れば、小さな差異を、あたかも決定的な差であるかのように誤解して、争ったり、ましてや殺し合ったりするのは愚かなことではないか。終わりの伴奏の合間にはヨーコの得意なスクリーム（≒奇声）とともに「違いなんてないわよ！」"There's no difference！"、「一体どこが違うというの？」"What's the difference?" という叫びが聞こえる。アメリカ人もロシア人もそしてウクライナの人々も、中国人も日本人も、みな同じ人間。「どうせ最後はみんな海の水になって蒸発してしまうんだから。争いなんてばかばかしいことはやめましょう！」人々の間にあった過去の長い対立と殺し合いをふり返れば、そして今なお世界各地にある対立と争いを考えれば、ヨーコは、怒りをこめて「どうして人間はささいな差異に目くじら立てて対立し、殺し合うの？」と言いたいのではないか。歌全体は、決して歌いやすいメロディというわけではない。しかしそれは、深い倫理観に裏打ちされたヨーコのいらだちを表すものであると同時に、辛辣な皮肉、鋭い風刺でもある。

WE RE ALL WATER
ONO YOKO
© 1972 ONO MUSIC
Permission granted by FUJIPACIFIC MUSIC INC.

9

「神」
"GOD"

僕は信じない

　これまで、大規模な人と人との殺し合いすなわち戦争の主たる単位は、国家であった。「イマジン」でジョンは、その国家をいっとき忘れてみようと言った。そしてヨーコは、ほかならぬ普通の人々が構成する国家同士を、あたかもお互いが不倶戴天の敵であるかのごとく言い立てる国家の政治リーダーを、痛烈に皮肉った。対立は宗教と宗教との間にも頻発する。ジョンは宗教そのもの、そしてその宗教が説く言葉についても、ちょっと立ち止まって考えてみようと言った。ヨーコは、植民地争奪の背後にあった宗教的信念を示唆した。宗教には「神」という観念、あるいは指導者が不可欠である。それぞれの宗教は、いわばそれぞれのリーダーすなわち「神」ないし「教祖」をもつ。「神」は自らの存在を説明あるいは正当化し、さらには人々のまわり、そして遠くは世界の出来事を説明する教義を体系化し、人々に適切な行動を指令する。ジョンとヨーコは、「神」を信じていたのだろうか。ジョンにこんな歌がある。

God（John Lennon, 1970）

（YouTube "God"）

God is a concept

By which we measure

Our pain

I'll say it again

God is a concept

By which we measure

Our pain

　神というのは

　われわれの苦しみを測る

　概念である

　　もう一度言おう

　神というのは

　われわれの苦しみを測る

　概念である

　人は貧困にあえぐとき、健康が優れないとき、老いや死を
感じるとき、総じて苦しみに打ちのめされ、あるいはそもそ
も生きることの意義を感じられないときなど、しばしば宗教
や「神」に頼りたくなる。しかし「神」の存在は確固たるも
のではない。確固たるものでなければ、人は「神」の代替物
を求める。苦しみが強ければ強いほど、人は「神」またはそ
れに代わるもの、あるいは人、にすがりつきたくなるだろう。
その意味で「神」とは、苦しみの度合いを測る概念とも言え
る。概念（concept）とは、通常は哲学の用語である。ジョ

ンは、「神」を端的に定義づけているのである。ポピュラー・ソングの中に、このような難しい言葉が出てくる例はあまりないだろう。1970年、幼年期の家庭環境、ビートルズをめぐるさまざまな葛藤など、多くのトラウマや悩みを抱えるジョンは、バッシングを受け続けるヨーコとともに、アメリカの心理セラピスト、アーサー・ヤノフの心理療法を受けた。ヤノフの「神は苦悩を測る概念」という言葉に感銘を受けたジョンは（和久井、2020、89）、この見事な「神」の概念化を歌いこんで、自己の主体性を宣言する。「神」に代わるものは、人によってさまざまである。ジョンは次々に「神」またはそれに代替するものを信じない、と投げつけるように歌っていく。

I don't believe Magic
I don't believe I-Ching
I don't believe Bible
I don't believe Tarot
僕は魔術を信じない
僕は易の占いを信じない
僕は聖書を信じない
僕はタロットを信じない

Magicは魔法と訳してもいいと思う。不可思議な力によって、不可思議な出来事を生じさせる術である。「神」が起こす（した）とされる奇跡なども、その範疇に入れてよいだろう。しかしジョンは、そんなものは信じないと言う。

I-Chingとは古代中国の書物『易経』に基づく占いである。古代では政治共同体の運命を占うこともあったとされる。Bibleはもちろんキリスト教の聖書であり、イギリスにしろアメリカにしろ、キリスト教信仰が一般的な世界で、「聖書を信じない」と言うことには勇気がいる。しかしジョンは、あえてそう断言した。Tarotとは、15世紀ころから始まったとされる、もともとはゲーム用の数字と絵模様の入った、22枚または56枚のカードによる占いである。ジョンはそのような占いも信じないと言う。

I don't believe in Hitler

I don't believe in Jesus

I don't believe in Kennedy

I don't believe in Buddha

I don't believe in Mantra

I don't believe in Gita

I don't believe in Yoga

I don't believe in Kings

I don't believe in Elvis

I don't believe in Zimmerman

I don't believe in Beatles

I just believe in me

Yoko and me

And that's reality

僕はヒトラーを信じない

僕はキリストを信じない

僕はケネディを信じない
　僕は仏陀を信じない
　僕はマントラを信じない
　僕はジータを信じない
　僕はヨーガを信じない
　僕は王様たちを信じない
　僕はエルヴィスを信じない
　僕はツィマーマンを信じない
　僕はビートルズを信じない
　僕はただ自分だけを信じる
　ヨーコと僕だけだ
　それこそが現実なんだ

　前節までジョンが信じないと言ってきたのは、コト、モノ
あるいは現象であった。しかしこの節でジョンが信じないと
して挙げるのは、多くは具体的な人物の名前またはグループ、
そして前節と同じいくつかのコト、モノである。モノではな
く人を信じるという場合には、普通believe in と、前置詞in
がつけられる。対外拡張と差別的な人種主義に基づくユダヤ
人大量虐殺＝ホロコーストを主導し、第二次世界大戦を引き
起こしたドイツの独裁者ヒトラー（Hitler）を信じないとい
う場合には、inがある。しかし続く3人の後のマントラ
（Mantra：ヒンズー教で祈祷の際に唱えられる呪文）、ギー
タ（Gita：サンスクリット語の叙事詩マハーバーラタに組み
込まれた神聖な「神の歌」）、ヨガ（Yoga：古代インド発祥
の伝統的な修行法）などはコト、モノであるが、この場合に

　　　　　　　　　ジョンとヨーコの政治学

も believe in となっている。メロディの調子からそのように
なっているのであろう[28]。ともかくジョンは、「イマジン」
のときには「宗教のない世界を想像してごらん」と言い、こ
の「神」の前節では聖書を信じないと言い、ここでは「神の
子」としてキリスト教信仰の対象であり、神と同一視もされ
るイエス・キリスト（Jesus）をも信じないと言う。1966年、
アメリカ公演のときの「ビートルズはキリストよりも有名
だ」というジョンの発言は、ビートルズのレコードが燃やさ
れるなど全米中に騒然たる抗議行動を引き起こした。とくに
アメリカ中南部のバイブル・ベルト（Bible Belt）と言われ
るキリスト教信仰が強い地域の人々からは猛反発を食らい、
ジョンはそのあと釈明せざるを得なかった（Wiener, 1984,
chap.2；Wikipedia,"More popular than Jesus"：June,
2022）。はたしてジョンは無神論者なのだろうか？　その考
察はしばらくおくとして、次にジョンが信じないというのは、
いくつかの女性スキャンダルがありながら、一触即発の
キューバ危機を回避したこと、弁舌のさわやかさなどから人
気の高い、テキサス州ダラスで暗殺された第35代アメリカ
大統領J・F・ケネディ（John F. Kennedy：1917―1963）
である。続いてジョンが信じないのは、仏陀つまりお釈迦様
であり、これはキリスト教、イスラム教と並ぶ世界三大宗教
の一つ、仏教の教祖である。マントラ、ギータ、ヨーガ、さ
らに歴史上の多くのキング（Kings）あるいは君主も信じな
いと言う。そして今度は一転、ジョンがビートルズとして歌
手活動を始める前に大いにあこがれ、影響も受けたエルビ
ス・プレスリー（Elvis Presley：1935―1977：キング・オ

ブ・ロックンロールと言われた）、そして有名になってから
も影響を受け、親しい交友関係もあったツィマーマンすなわ
ちボブ・ディラン（Bob Dylan：1941—；Robert Allen Zim-
merman が出生名）をも信じないと言う。最後には、リー
ダーとして自分が作り、世界中の若者たちを熱狂させ、終始
一緒に活動し、成長したグループであるビートルズ自体も信
じないと宣言した。これにはファンのみならず、ポール・
マッカートニー、ジョージ・ハリソン（George Harrison：
1943—2001）、リンゴ・スター（Ringo Star：1940—）も仰
天しただろう。ジョン自身もビートルズの一員であり、ビー
トルズを信じないということは、これまでの自分自身の生き
方、活動を否定することにつながりかねない。さすがに一呼
吸おいて、今度はジョンは、自分が本当に信じるものを告白
する。彼は、信じるのは自分自身だけ、否、すぐ言い換えて、
自分自身とヨーコだけを信じるんだという。そしてそれが〝
現実〟だというのである。何とも意外で大胆な発言であるが、
それなら彼のこれまでの生きざまは何だったのか。

夢は終わった

The dream is over
What can I say?
The dream is over
Yesterday
I was the dreamweaver
But now I am reborn
I was the walrus

But now I am John

And so dear friends

You just have to carry on

The dream is over

夢は終わったんだ

何といえばいいんだろう？

夢は終わったんだよ

昨日まで

僕は夢を織り上げていた

でもいま　僕は生まれ変わった

僕はウォラス（セイウチ）だったけど

でもいま　僕はジョンだ

だから親愛なる友人たちよ

あなたたちもまた自分の道を進まなくっちゃ

夢は終わったんだから

　ビートルズ時代、マネジャーのブライアン・エプシュタイン（Brian Epstein：1934—1967）は、人気を確実なものにするために、ヘアスタイルから服装そしてステージ上での態度や発言の内容まで、メンバーに厳しい指示を出していた。ジョンの政治に対する強い関心、鋭く皮肉のきいたコメントなどは抑制され、ジョンの発言や活動は、ファンがビートルズについて作り上げるイメージに強く拘束されていた[29]。ジョンがロンドンのインディカ画廊でヨーコと出会ったのが1966年11月、翌年の8月にはエプシュタインが死去し、個性あふれるビートルたちをまとめ上げていたタガは外れた。

前衛アートの世界でイメージを膨らませ、奔放に行動するヨーコと出会い、ジョンの活動も水を得た魚のように生き生きとしてくる。ジョンはくり返す。「夢は終わったんだ」と。彼は以前はセイウチ（walrus）だったという。セイウチが何をシンボライズしているかはよく分からないが、ジョンには、ビートルズ時代に作った「僕はセイウチ」"I Am the Walrus"（1967）という歌がある。そしてそれは、ルイス・キャロル『鏡の国のアリス』の中で朗唱される「セイウチと大工さん」という詩に出てくるセイウチをイメージしたものと言う。ジョンは、悪玉と思われた「大工さん」に対して、善玉と思われた「セイウチ」をイメージしたらしいが、本当のところは「セイウチ」の方が悪玉であるらしい（プレイボーイ社、1981, 98）。つまりジョンは実は誤解していたのであるが、ともかくジョンとしては、これまでは自分は平凡な善人だったが、しかし今、彼は生まれ変わり、本来の強く自立したジョンに戻ったと言いたいのであろう。そして言う。だからみんなも、他の人が作り上げる夢＝イメージなど気にせず、あるいは勝手な希望を混ぜて自分が織り上げるイメージなど放り投げて、現実を見すえ、自分の信じる道を──それこそが現実なんだ──勇気をもって進んで行かなくっちゃ。「夢」は終わったんだから。

　生まれ変わったジョンが、発想豊かに──それはしばしば世間の人には奇想天外であった──ヨーコと始めた1968年からの活動＝パフォーマンスは華々しかった。それと同時に、もともとリヴァプール美術学校（Liverpool College of Art）出身のジョンが素早く描く線描画もユーモラスでユニークで

　　　　　　　　　　ジョンとヨーコの政治学

あった。1970年1月、芸術の世界の権威におもねらず自由闊達に描くアーティストとしての非凡な才能をヨーコに評価されたジョンは（Ono, 1995, 7；Cf. Herzogenrath, 1995）、ロンドンで『バッグ・ワン』（*Bag one*）のリトグラフ展を開催した。ここにも使われた"バッグ"という言葉は意味深である。つまりバッグの中の内容物は見えないわけで、見えなければそれだけ人々は想像（imagine）をたくましくせざるを得ない。

　『バッグ・ワン』で描かれたスケッチは、ジョンとヨーコの結婚式とハニムーンの様子であり、ジョンはこれを結婚プレゼントとしてヨーコに贈った。リトグラフとしてリリースされた線描画はエロティックな二人の姿態を描いた8枚を含んでおり、それらは二人の全裸写真を挟み込んでいた『トゥー・ヴァージンズ』にも増して衝撃的であった。1月15日にロンドン芸術ギャラリーで公開、販売されたものの、翌日にはロンドン警視庁（Scotland Yard）が展覧会に踏み込み、8点を猥褻という理由で没収した。この警察の手入れは、すべての新聞がスキャンダルとして報じたが、そのことは逆に、1組550ポンドの『バッグ・ワン』の売り上げ急上昇をもたらした。『バッグ・ワン』は、単にジョンとヨーコの「結婚式とハニムーンの思い出を描き記したリトグラフのシリーズというだけでなく、愛とセクシェアリティに関する社会の"お上品ぶり"を暴き出す作品集でもあった」（Hansen, 1995a, 139）。性の執拗さを描くスケッチは、人間的真実を大胆につきつけると同時に、その展示を（現在も）堂々と継続するヨーコの毅然とした態度もまた、人々を驚愕させる

に十分である。こうしてジョンは、ヨーコとともに、自己の
信念を信頼し、何物にも依存せず忖度もしない活動を開始す
るのである。

GOD
LENNON JOHN
© LENONO MUSIC
Permission granted by FUJIPACIFIC MUSIC INC.
Authorized for sale in Japan only

10

「女は世界のniggerだ」
"WOMAN IS THE NIGGER OF THE WORLD"

女は世界のnigger

　ビートルとしての活動に倦み始めていたジョンは、ポップ・ミュージックの作詞・作曲・演奏という分野に限らず、絵画を含めて無限ともいえる表現の世界に、異色のアーティストとして才能を展開し始める。もともと男性として「社会的に常識的なところがあって」無軌道に走れないジョンの、そのあふれ出る才能のふたを全開したのは、ロンドンに来てお尻のユーモラスな動きをクローズアップで撮る映画『NO.4』を発表するなど、「自分がしたいのに勇気がなくてできないことを平気でやっている女」ヨーコであった（オノ、1990, 51）。ヨーコ自身が、結婚したからといって、貞淑で忍従的な「家庭の主婦」に納まるパーソナリティではなかったし、ジョンは、男と対等にふるまう自立した女性の態度を、ヨーコを通じて学習したのである。前に見た「人々に権力を」"Power to the People"の歌詞の最後に、一見、場違いとも思われる奇異な節があった。「あなたたちは家で自分の妻をどんなふうに扱っているんだろう？　彼女は自立していなければいけないぜ」という文言である。ヨーコに会う以前

のジョンは、女性に対する態度という点で、決して誇れるものではなかった。朝の新聞をその家で一番初めに開くのは、主人すなわち男でなければならないというのがジョンの育てられ方であり、ヨーコと暮らし始めた当初はジョンの行動様式は〝亭主関白〟そのものだったろう（オノ、1990, 55）。そのジョンが、ヨーコと出会って以後の作詞・作曲である「人々に権力を」の中で上のように歌ったのである。Peopleの半分は女性である。ということは、"Power to the People" のpeopleは、女性を強く意識した言葉でもあったのである。そして1972年、ジョンはヨーコと共に "Woman Is the Nigger of the World" という歌を作った。

Woman Is the Nigger of the World（John Lennon and Yoko Ono, 1972）
（YouTube "Woman Is The Nigger Of The World"）
Woman is the nigger of the world
Yes she is…… think about it
Woman is the nigger of the world
Think about it…… do something about it
女は世界のniggerだ
そうなんだ　考えてみろよ
女は世界のniggerだ
考えて何とかしなくっちゃ

"Nigger" という言葉は、普通には使ってはいけない人種差別的な言葉であり、黒人に対する中傷的、軽蔑的な意味合

ジョンとヨーコの政治学

いを含む呼び名である。黒人という言葉からは、歴史的に、〝奴隷〟を思い浮かべる人も多いだろう。18世紀ころから始まるアメリカ社会での黒人奴隷による労働と彼らへの抑圧、そして黒人奴隷の解放を主な争点とした南北戦争（Civil War：1861—5）と1862年の奴隷解放宣言を経てもなお、現代まで黒人に対する差別は続いている。その歴史をふまえ、ジョンとヨーコは、女性の立場を黒人の立場になぞらえた[30]。すなわち二人は、世界中で一般的に見られる、男性に対する女性の従属的立場を強調するために、あえて使用禁止の言葉を歌詞に使ったのである。平田（1994）は「女は世界の奴隷」と訳し、岩谷（1992）はそのまま「女は世界の黒人」と訳している。1972年といえば、世界中でウーマン・パワー、ウーマン・リブの活動が活発になってきたころである。ジョンは1968年にヨーコから女性についての状況を教えられたが、しばらくは理解できなかったという。奴隷は、白人の主人に命令されて酷使される、自由を奪われた存在であった。そして女性は、男性優位の（ジョンの生きた）現代において、あたかも奴隷のような存在であるという。だから「そのことについて考えてみなさい。そのことについて何とかしなくてはいけない」というわけである。

We make her paint her face and dance
If she won't be a slave, we say that she don't love us
If she's real, we say she's trying to be a man
While putting her down we pretend that she's above
us

俺たちは女に化粧をさせ、踊りを踊らせる
　もし彼女が命令に従わないと、彼女はわたしたちを愛していないという
　もし彼女が抵抗を示そうものなら、まるで男並みだなとあざける
　ほんとうには押さえつけているくせに、彼女の方が上位だとみせかける

　ここでmakeは使役の動詞で、〜（人）に……させるということであり、paintはペンキを塗るではなく、お化粧をするという意味であるから、この文章は、私（男）たちは女性にお化粧をさせ、踊りを踊らせるという意味になる。フレンチ・カンカン、芸妓（芸者）の舞踏、ベリー・ダンスなど、入念な化粧を施した女性に、美しい、ときにはセクシーな衣装をまとわせ、男たちがその踊りを観賞するというのは、古今東西ありふれた光景であろう。Slaveは奴隷であるが、ここではもちろん奴隷のように黙って命令に従う人になるという意味を含む。“……she don't love us” は、文法的には “doesn't” が正しい用法であるが、口語ではこのように言う場合がある。“……real” は、「真の」とか「現実の；実在する」という意味であるが、ここでは「実在する人間として男に立ち向かう」というニュアンスを感じさせるので、上のように訳してみた。もし彼女が男の要求に抵抗して言葉を返そうものなら、「生意気な女だ、男みたいなやつだな」と嘲笑され、彼女は何らかの罰あるいは不利益を覚悟せねばならないだろう。一方、家庭内で普段は文句を言わせず押さえつけ

　　　　　　　　　　　　ジョンとヨーコの政治学

ておきながら、外向きには「レディ・ファースト」(ladies first) とか、家計を握っていることも多いゆえに「家の大蔵大臣」と女性を持ち上げる。たいていの男にとっては、痛い指摘ではなかろうか。

> Woman is the nigger of the world…… yes she is
> If you don't believe me, take a look at the one you're with
> Woman is the slave of the slaves
> Ah, yeah…… better scream about it
> 女は世界のniggerだ、そのとおりだぜ
> もしあんたが俺の言うことを信じないんなら、自分の女を見てみろよ
> 女は奴隷のそのまた下の奴隷のようだ
> まったく、そのとおりなんだから 大声で叫ぶべきだ

「女は世界のniggerだ」というジョン（とヨーコ）の主張を信じないというなら、自分の奥さんやガールフレンド (the one you are with；〝奥さん〟には差別的なニュアンスがある) のこと、そして自分と彼女たちとの関係を考えてごらん、というわけである。そこに何らかの支配と従属という関係がないだろうか。外を歩くときはいつも彼女は半歩後ろからついて行き、家のリビングでは自分はTV前の特等席を占め、食事の最中でも、レストランのウエイターやウエイトレスでもないのに、奥さんには用事を言いつけている。外の世界に多少ともある支配—被支配の関係のもと、男は、自分

自身が支配を受ける奴隷のような状況におかれているかもしれないのに（「社畜」！）、家庭の中では、奥さんとの関係にそのような側面がさらにあるのではないか。すると奥さんはまるで、奴隷の下の、さらにまた奴隷のような存在である。だとすれば、そのことについて黙っていることはない。大声で「おかしいじゃないか！」と抗議の叫び声をあげるべきだ。

> We make her bear and raise our children
> And then we leave her flat for being a fat old mother hen
> We tell her home is the only place she should be
> Then we complain that she's too unworldly to be our friend
> 俺たちは女に子供を産ませ　そして子育てをさせる
> そのあげくは　太って　こうるさい　ふる女房だと相手にしない
> 女の居場所は家庭だと 家にしばりつけておいて
> まともな話し相手としては あまりにも世間知らずだと決めつける

男は外で働き女は家事・育児に専念

　女性には妊娠、出産という大仕事がある。それが果たされなければそもそも人類は存続できない。その上でさらに子育ては、家事いっさいに加えて、一般にはもっぱら女性の仕事とされてきた。女は家庭からなかなか離れられないのである。今でこそ「男子厨房に入らず」などと主張する人はいないだ

ろうし、〝育メン〟という言葉とともに、男性も家事や子育てにかかわることは肯定的に捉えられ、奨励されるようになった。しかしジョンとヨーコがこの歌を作ったころには、女性の社会進出が著しいといわれるアメリカ社会でも、まだまだ「男は外で働き、女は家事・育児に専念する」という考え方は根強かった。家に閉じこもりがちとなれば、運動不足で体重は増え（fat）、やつれ方も進むかもしれない。たまの気晴らしが近所の同じような境遇の女性たちとのおしゃべりとなれば、現代のようにインターネットなどの情報ソースがない場合、たとえ選挙権は男性と同じようにあったとしても、政治や社会といった外の世界の事情には疎くもなりがちである。

　政治は社会そして人々に対し、さまざまな価値を不平等に配分する。にもかかわらずそのような政治プロセスに意見を申し立て参画することから、女性たちは長く排除されてきた。日本の女性が選挙権を得たのは、1945年10月、第二次世界大戦敗戦後のアメリカ主導による政治・経済改革指令によってであった。女性の副大統領を持つまでになったアメリカでさえ、女性が選挙権を獲得したのは、20世紀、1920年の連邦憲法修正第19条によってである。しかもそこに至るまでには、先進的で勇気ある女性たちによる、ときには法律に逆らっての果敢な行動があった[31]。

　Hen（めんどり）には「小うるさい、おしゃべりな年配の女」という意味合いがあり、leave〜flatは「〜を急に見捨てる」ということである。すなわち男は、そんな愚痴ばかりこぼすふる女房をまったく相手にしなくなる。そうしたうえで、

女性は政治や社会問題を真剣に議論する相手としては物足りなく、あまりにも世間知らずだと見下すことになる。

　　Woman is the nigger of the world……　yes she is
　　If you don't believe me, take a look at the one you're
　　with
　　Woman is the slave to the slaves
　　Yeh（think about it）

　この節は第3節とほぼ同じなので訳は省略しよう。ただ、3行目の文章は第3節では "slave of the slaves" であるが、ここでは "slave to the slaves" となっている。強いて訳せば、「奴隷（男たち）に対する奴隷」ということになろう。第3節の場合には「男たちに所属するとか、所有される」という意味合いが感じられるのに対し、ここでは、「男たちに対するとか、対しての」という関係の意味が強まる。表現しがたい複雑微妙な関係を、前置詞を変えることで表そうとしたのであろう。

　　We insult her every day on TV
　　And wonder why she has no guts or confidence
　　When she is young we kill her will to be free
　　While telling her not to be so smart we put her down
　　for being so dumb
　　俺たちはテレビに出る女をいつもバカにする
　　そして　女はなんでガッツも自信もないんだろう　とい

ぶかる

　女が若い時には　男たちは彼女の自由になりたいという
意思を殺してしまう

　女はあんまり賢くなくていいんだと言いながら　女は何
てバカなんだとこきおろす

　1960年代から70年代の初め、ジョンとヨーコがこの歌を
作ったころ、TVのニュース・ショー、クイズ番組、バラエ
ティー番組などのメイン・キャスターは、大部分、男性では
なかったか。そして女性はそのわきで補助的な役割を演じて
いる場合が多かった。その様子を見る男たちは、女には勇気
も能力も自信もないと勘違いし、バカにしていた。しかし
"When she is young we kill her will to be free" という次
の文章は、女性をそのようにしか成長させなかった男や社会
の責任を鋭く突く。中学や高校生の頃、「お兄ちゃんは一人
で旅行するのを許されたのに、私は許されなかった」という
経験をもつ女性は多いのではないか。一人で旅行したい彼女
は、誰にも束縛されずに自由に旅行を計画し、広く世界を見
るなど冒険してみたかった。しかしその意志を、ほとんどの
場合、男は殺した。賢さという点に関していえば、フェミニ
ズム研究の社会学者上野千鶴子は、大学進学直前に母から
「娘は短大で十分」と言われたという。上野は、2019年春の
東大学部入学式の祝辞で、このように親そして社会が女性の
向上意欲をそぎ、「翼を折る」ことについて、「意欲の冷却効
果」（aspiration cooling down）という言葉で説明した（上
野、2019；上野・田房、2020, 14）。「女に学問など必要ない」

「大学は短大で十分だ、四年制大学なんか卒業したら、嫁の貰い手がなくなる」などというのは、70年代以前、日本では普通のセリフではなかったろうか。そうしておいて、女は頭が悪いと見下すのだから、男の身勝手はあさましい。上野・田房の本（2020）には男と男社会に対する怒りが満ち溢れているが、ジョンもヨーコとの共同生活を通じて、男と男社会の身勝手さを学習した。

> We make her paint her face and dance
> We make her paint her face and dance
> ……
> ……

　第7節以降は、第3節および第5節とほぼ同じなので訳は省略する。曲の最後、第7節の終わりから、第2節の第1行の文章 "We make her paint her face and dance" が、怒りを含んだジョンの声で、叫ばれるように少なくとも7回くらい繰り返されて曲は終わる。ヨーコとともに過ごすようになってから、女性に対するジョンの考え方は、明らかに変化したのである。

WOMAN IS THE NIGGER OF THE WORLD
LENNON JOHN WINSTON/ONO YOKO
© LENONO MUSIC and ONO MUSIC
Administered by FUJIPACIFIC MUSIC INC.
All Rights Reserved.

11

「ミセス・レノン」
"MRS. LENNON"

ヨーコ・オノとして生きて

　「女は世界のniggerだ」は、ジョンとヨーコの共作である
が、ヨーコは、自身が女性でありまた日本人であるというこ
とから、さまざまな嫌がらせと差別を経験した。ジョンと結
婚した当初、イギリスだけでなく、日本そして世界中から嫌
がらせの電話や手紙が殺到した。「自分たちの憧れのスター
を奪われたということで、ほとんどが私に対する怒りの手紙
だった。なかには殺してやる、という激しいものもあった」
（オノ、1990, 52）。ジョンとヨーコが一緒にコンサートをす
ると、観客は「ポールはどこだッ」「リンゴはどこにいるッ」
そして「ヨーコはバックステージに行っちまえッ」とステー
ジに向かって叫んだ。このときジョンは「私に対するこうし
た悪口を耳にするたびに、ひどく苦しんでしまう」（オノ、
1990, 58）。しかし意地悪はファンや観客からだけではな
かった。スタジオでのレコーディングの際には、録音技師た
ちからの思わぬ意地悪があった。1968年、ジョンと知り
合って間もないころ「……ロンドンのEMIスタジオでマイ
クの前に立ったときは、私が女であり、日本人であり、ミセ

ス・レノンであり、しかもビートルズに介在してきた女だ、ということになっていたので、エンジニアたちがみんなトイレに立ってしまって、レコーディングができない、という場面もありました。ジョンと私がハーモニーを歌っていて、二人とも同じくらいの声を出して歌ってるのに、ジョンの声が大きく、私の声がヤケに低いので、調べてみると、エンジニア・ルームで私の声の音量をグッと下げていた、なんてことを発見したこともあります」（オノ、1990, 116）。型破りで、伝統に歯向かうかに見えるロック界にも男性上位主義ははびこっていた。そしてヨーコは言う。「どこの世界でも同じですが、ロックでは、男が到底できないこと、（女が女の身体を見せたり、女の声で歌ったりすること）をしてる分には渋々許されるのですが、作曲だとか、プロダクションなどと、少しでも男で用の足りる分野に女が入っていくと猛烈に叩かれます」（オノ、1990, 117；傍点は大石）。

ヨーコに「ミセス・レノン」"Mrs. Lennon"（1971）という歌がある。ジョンと結婚して以来、当然のごとく彼女はミセス・レノンと呼ばれることになる。しかしそれでは、由緒ある彼女の旧姓「小野」が消えてしまい、そればかりか独立したアーティストとしての「ヨーコ・オノ」自身も消えていきそうであった。ヨーコはジョンに言った。「私はミセス・レノンとして世に知られるのはいやだな。結婚して、もしあなたがミスター・ジョン・オノと名前を変えなくちゃいけないとしたら、あなたはどお？　そうなっていけないということはないでしょ？」（Coleman, 1985, 311）。ジョンも、それは不公平であることを認めた。ジョンは、以前から彼のミ

ジョンとヨーコの政治学

ドル・ネーム、ウィンストン（Winston）は嫌いだとヨーコにくり返し言っていた。ウィンストンといえば、イギリス人ならすぐに、第二次世界大戦を勝利に導いたチャーチル首相（Winston Churchill, 1874—1965, 首相：1940—45, 51—55）を思い浮かべる。それは「戦時中を思わせるし、上流階級の〝大英帝国うんぬん〟といった精神を認めているかのような意味合いがあった。そのことは彼を偽善者のように感じさせていた」（Coleman, 1985, 312）。そこでジョンは決断した。「私の要求に応えるため、自分のミドル・ネームをオノに変えるというジョンの信じられない考えに私は嬉しかったし、驚きもしました。彼は私がずっとヨーコ・オノでいればいいと言ってくれたし、しかもレノンという名を残しながら——その名前を消すなんて誰も望んでいない——、私に一歩近づいてくれたんです」（Coleman, 1985, 312）。こうして、法律上はともかく、ジョンはJohn Ono Lennonとなり、ヨーコも法律上はYoko Ono Lennonとなったけれども、彼女はYoko Onoで通すのである。日本でもようやく議論されるようになった「選択的夫婦別姓」へのはしりとも言えよう。

　しかしヨーコは、痛烈な皮肉を込めて、この経緯を歌にした。非常に象徴的で解釈の難しい歌詞であるが、「ミセス・レノン」には、そんなヨーコの心情が込められている。不遜を承知で、ヨーコの気持ちになって訳し、解釈してみよう。

Mrs. Lennon（Yoko Ono, 1971）
（YouTube "Mrs. Lennon"）
Mrs. Lennon, O' Mrs.Lennon

Checking the sky to see if there's no clouds

There's no clouds

O' then, I guess it must be alright

レノン夫人、あー、レノン奥様

空に雲がないかどうか調べてみましょう

雲はないわ

あー、だったらたぶん大丈夫ね

　結婚したら、たいていは女性はもとの姓を失って、夫の姓で呼ばれる。ヨーコも公の場に出れば、つねに「レノン夫人」あるいは「レノン奥様」と呼ばれることになったに違いない。しかし次の行、「空に雲がないかどうか調べてみましょう」は、具体的に何を言おうとしているのか、よく分からない。ともかく空に雲がないのを確認して「だったらたぶん大丈夫ね」というのであるが、これも、何が、どう大丈夫なのか、よく分からない。ただ訳としては、こんな風にしか訳せない。何ということもなく平穏な日常世界ね、ということであろうか。また次節の「海」の状態と関連しているのかもしれない。

　Mrs. Lennon, O' Mrs. Lennon

Making the tea and watching the sea

There's no waves

O' then, I guess it must be alright

レノン夫人、あー、レノン奥様

お茶を入れて海を眺めましょう

波はないようよ

　　だったらたぶん大丈夫ね

　ここでもまた「レノン夫人」と呼びかけられている。ある
いは、呼びかけではなく、単にミセス・レノンの日常の動作
を描写しているのかもしれない。お茶を入れて海を眺めると
は、裕福でゆったりとした気分である。波もない穏やかな海
で、夫を含む男性たちはヨットにでも興じているのだろうか。
「ミセス・レノン」が含まれているアルバム『フライ』（Fly）
のCDカバーはヨーコのデザインであり、その一つには海に
浮かぶヨットが描かれ、その帆にはJOHNという文字が裏返
しで見える。というわけでこんな風に解釈してみた。

　　Silver spoon, O' silver spoon

　　I lost my silver spoon

　　シルヴァー・スプーン、あー、銀の匙

　　私は銀のスプーンを失ってしまった

ジョンと出会うまでのヨーコ

　ここで突然「銀のスプーン」が出てくるが、これは一体何
を意味するのだろう？　英語の表現で "be born with silver
spoon in one's mouth" とあれば、「銀のスプーンとともに
生まれてくる」ということで、非常に裕福な家に生まれると
いうことを意味する。

　ヨーコは1933年2月、「東京市の三分の一を見渡せると謳
われた九段の大邸宅で」生まれた。（和久井、2020, 48）[32]

ヨーコの曽祖父税所篤は清和源氏の流れをくむ士族で、倒幕運動にかかわり、明治天皇のもとでさまざまな重職を歴任したという。その長女鶴子と結婚した筑後柳川藩士の子である小野英二郎は、ミシガン大学に留学後、1890年に日本人として初めて博士号を獲得し、同志社で教鞭をとっていた。1896年に日本銀行に入った彼は、日本興業銀行総裁にまで出世した。英二郎と鶴子の三男、小野英輔がヨーコの父である。英輔はすぐ上の兄がヨーロッパから連れ帰ったロシア人妻にピアノを習い、良家が集まる軽井沢のパーティーで、若きピアニストとして社交界の令嬢たちの憧れの的だったという。

　そんな令嬢たちの一人が、安田銀行（現在のみずほフィナンシャルグループ）の創始者で日本の四大財閥の一つ、安田財閥の設立者安田善次郎の孫である安田磯子であった。善次郎は銀行、保険会社、鉄道などの事業で財を成し、東大の安田講堂、日比谷公会堂などを名前を伏せて寄贈している。1921年9月、善次郎は大磯町の別邸で神州義団（右翼団体）の朝日平吾に暗殺される。善次郎の娘暉子と結婚した宇和島藩士の息子伊臣貞太郎が、名を安田善三郎と改めて事業を引き継ぎ、善三郎は九段の邸宅と鎌倉の別荘を行き来したらしい。音楽を断念して銀行家として歩むことを条件に磯子と結婚した英輔は、海外出張が多く、磯子は東京でいろいろと交際に多忙で、二人の長女ヨーコ——当時5歳くらい——は、鎌倉の別荘で一人だけポツンと暮らしていた。広大な別荘で、「草摘みの女の人が8人くらい毎日草を摘んでいるのに、全部摘み終わったころには、はじめに摘んだところの草がまた

　　　　　　　　　ジョンとヨーコの政治学

伸びてしまっているというくらい庭が広かった」という。十数人の使用人がいて、「家庭教師は、バイブルを読んでくれる先生が一人と、ほかに外人のピアノ教師がいた。それに私のお付きの人が仏教を教えてくれた」（ヨーコ、1990, 24-5）。

　父英輔の米国勤務の都合で、日本の学校とアメリカの学校を行き来するが、1952年、19歳のヨーコは学習院大学の哲学科を志望する。しかし在学は短期間で、すぐ東京銀行ニューヨーク支店長の父と合流するために、家族は再び渡米。1953年9月から、ヨーコはニューヨーク郊外のサラ・ローレンス大学（Sarah Lawrence College）に入学した。授業には熱心でなかったが、現代音楽の作曲家を研究し、とくには「主音がないために調を特定することが不可能な曲などで既存の概念に叛旗を翻したシェーンベルク（Arnold Schoenberg）」（和久井、2020, 55）などに傾倒した。そのころから彼女はソーホー（SoHo：芸術家の街として有名）を根城にする前衛芸術家たちと交わり、日本から来てジュリアード音楽院（Juilliard School）でピアノと作曲を学んでいた一柳慧（1933—2022）と知り合って結婚した。

　1958年、一柳を通じて実験音楽家ジョン・ケイジ（John Cage）と、彼を師と仰ぐ若き前衛芸術家たちと親交を持つようになったヨーコは、彼らが行なう〝ハプニング〟のパフォーマンスや、音楽や絵画における新しい発想に刺激され、頭に涌き上がってきたコンセプト自体をアートとみなす散文や詩の作品を産み出すようになる。それらがまとめられて形になったものが『グレープフルーツ』（*Grapefruit*, 1964, 1970）である。ケイジに加えて、マックス・エルンスト

（Max Ernst：ドイツ生まれで米仏などでも活躍した超現実主義の画家）、ペギー・グッゲンハイム（Peggy Guggenheim：前衛美術品収集家）、なかでもジョージ・マチュナス（George Maciunas：リトアニア生まれの現代美術家で、アート運動「フルクサス」の創始者）らとも知り合ったヨーコは、パフォーマンスを交えた前衛芸術活動に力を注ぐ。1962年、帰国したヨーコは草月会館およびホールで、日本における最初の展覧会と舞台パフォーマンスを披露、その後来日したケイジのコンサート・ツアーに一柳らと出演したものの、ヨーコの活動は批評家たちによって黙殺された。傷ついた彼女は精神を病み入院したが、その病院にニューヨークからきて彼女を見舞ったのが、二番目の夫となる映像作家アンソニー（トニー）・コックス（Anthony Cox）である。

　1963年、京子を出産したヨーコは、精神的にも安定し、映像作家飯村隆彦の『愛／LOVE』に「音をつけ」、64年には、彼女自身「インストラクショナルズ」（頭の中での発想、そして指示）と呼んでいたアートの初版本『グレープフルーツ』500部を完成させたが、これを売るために企画した東京の草月ホール、京都の南禅寺などでのツアーは失敗に終わった。ニューヨークに戻ったヨーコは、フルクサスのメンバーとして活動し、1965年の「カット・ピース」（YouTube "Yoko Ono Cut Piece"）のパフォーマンスは観客に衝撃を与えた。さらにヨーコは、早くもこの時期トニーと、前述した、服を脱いだ男女が全身を包む黒い袋に入り、それを観た人たちに中で何が行なわれているのか想像させる、という〝バッグ・パフォーマンス〟を試みている（和久井、2020,

68)。これらの活動が注目され始めたヨーコとトニーのもとに、1966年、ロンドンで開かれる『芸術における破壊』というシンポジウムへの招待状が届く。ヨーコがシンポジウムで披露したパフォーマンスは複数の新聞の評でも好意的に取り上げられ、インディカ・ギャラリーでの個展開催が決まった。アーティストとしてのヨーコ・オノは確立されたのである。そして11月8日、『ヨーコ・アット・インディカ：アンフィニッシュト・ペインティングス・アンド・オブジェクツ』（*Yoko at Indica*：*Unfinished Paintings and Objects*）の内覧会にジョン・レノンが現れる。ヨーコとジョンの伝説的な物語は、ここから始まるのである。

ミセス・レノン

　一時的な貧窮はあったにせよ、経済的にもそして才能や活動という点でも、ヨーコは並はずれて恵まれていたわけで、「銀のスプーン」は彼女とともにあった。しかしジョンと結婚して、対外的にはミセス・レノンになったとたんに、世界中の人たちから「ジョンの奥さんとして、おとなしく後ろに坐って出しゃばらなければいいんだ」とか、「レノンと一緒に並んで立つなんて、おこがましい」（オノ、1990，119）などと言われ、彼女が築いたアーティストとしてのアイデンティティも消失するかのごとくであった。「私は銀のスプーンを失ってしまった」という言葉には、このような感慨が込められているのではないか。「彼女が自分自身を何と呼ぼうと、あるいは〔アーティストとして〕何を創造したとしても、世間は、彼女はまず第一に元ビートルの妻であり、それ以上

彼女について知る必要はないと考えるのだった」（Beram &
Borris-Krimsky, 2013, 112)。

And our children, O' our children
Did they have to go to war?
Yes, my love, it's okay
Half the world is always killed you know
そして子供たち、あー、私たちの子供たちよ
彼らは戦争に行かねばならなかったのでしょうか？
ええ、そうよあなた、それでいいのよ
だって世界の半分はいつも殺されているんですもの

　私たちには愛する子供たちがいる。しかし彼らは、一定の
年齢に達すれば、たいていは徴兵されて、もっぱら男たちが
主導する戦争に駆り出されてしまう。私たちは、第一次およ
び第二次世界大戦といわず、いたる所で過去に何度もそのよ
うな経験を重ねてきている。ロシアによるウクライナ侵攻は、
いまも進行中である。「だからいいのよ」とは突き放した言
葉であるが、それは痛烈な皮肉であろう。世界の半分とはも
ちろん誇張した表現であるが、夫を殺され、息子たちも、い
や息子だけでなく、空襲で娘たちも亡くした女たちは、自分
の身体の半分をもぎとられたような気分かもしれない。しか
も戦争に反対する女の意思など、黙殺されてばかりである。
とすれば、人口の半分は女性であるから、このような表現も
あながち誇張とは言えない。

Husband John extended his hand

Extended his hand to his wife

And he finds, and suddenly he finds

That he has no hands

夫のジョンはその手をさし伸べてくれた

彼の妻にその手をさし伸べた

でも突然、ほんとうに突然に

彼は自分の手がないことに気づくのよ

　夫を亡くし、息子や娘たちも亡くして、しかも自分の存在
さえ無視されてすっかり気落ちした妻に、夫のジョンは
（おっと、ここでは夫のジョンは生きているのか？）、ミド
ル・ネームまで変えて私を助け、慰めるために両手をさし伸
べてくれようとする。しかし突然、まったく突然に、彼は自
分には手がないことに気づくのである。

They've lost their bodies !

They've lost their bodies !

Yes, they lost their bodies

彼らは自分の身体を失ってしまった！

彼らには自分の身体がなかった！

そうなのよ、彼らは自分たちの身体を失っていたのよ

　夫は私を抱きしめるために、手を差し伸べてくれようとし
た。しかし何ということでしょう！　夫にも私にも、手どこ
ろか生身の身体はもうなかったの！　とすると彼らは幽霊

だったのか？　男たちがやる戦争では、彼らばかりでなく銃後の女たちも、容赦なく殺される。

Neither of them, O'neither of them
Ever left each other
Yes, my love, it's okay
Half the world is always dying you know
夫も妻も、ええ、どちらもね
自分から去ったのではないのよ
でもあなた、それでいいのよ
世界の半分はいつも死にかけているようなものなんですもの

　夫も妻も、どちらも自分から去って行こうとしたのではない。男たちは戦場で殺され、女たちは居住区への爆撃で殺された。どちらも自分から望んで伴侶のもとを去ったのではない。だけどそれでいいという。これも痛切な皮肉である。無数の男たちが死に、女たちは半身をもがれたような気持になり、さらに男優位の社会では、名前の消失だけでなく、女の生き生きとした活動はつねに抑圧あるいは黙殺される。とすれば、世界の半分はいつでも死にかけているようなものではないか。
　「ミセス・レノン」はヨーコのアルバム『フライ』（*Fly*, 1971）に含まれている一曲であり、ジョンとヨーコのプロデュースで、ピアノ伴奏はジョンである。ジョンは、ヨーコを援護すべく、両手を差し伸べてくれていたのである。随分

　ジョンとヨーコの政治学

と飛躍した解釈になったかもしれない。レコード会社（Apple Records）は、ヨーコ一人の名前で発売され、したがって売れそうもないこのアルバムのプロモーションにはまったく熱心でなかった。「ミセス・レノン」は、まさにこの状況を歌っているのである（Beram & Borris-Krimsky, 2013, 112）。世間から黙殺された〝死者〟は、棺の中に入るしかない。

MRS LENNON
ONO YOKO
© ONO MUSIC
Administered by FUJIPACIFIC MUSIC INC.
All Rights Reserved.

12

「コフィン・カー」
"COFFIN CAR"

棺の車

　1973年6月3日、ヨーコはハーバード大学で開かれた第1回国際フェミニスト会議で短いスピーチを行なった。それはおおよそ次のような内容であった。「自分はアーティストとして比較的自由に生きてきて、その結果社会は私を『いやな女』"bitch" とみなしました。ジョンと出会ってからは、私は〔東洋の〕『魔女』"witch" に格上げされましたが（笑）、ジョンと一緒になって学んだことは、社会は、私を、当時もっとも影響力のある人たちの一人である男に、付属する女だと考えているということでした。そして彼のもっとも親しい友人たちは、私はジョンの後ろにいて、あまりしゃべらず、自分の仕事はあきらめるべきだと忠告しました。私はその忠告を受け容れようとしましたが、幸せなことに、すでに30を超えていて、自分を変えるには遅すぎました（笑）。私自身は雄弁でしかも魅力的な女だと思っていたのに、ジョンと一緒になったら、あなたたちの憧れの的を奪ったということで、私はあっという間に醜い日本人 "ugly Jap" の女ということになってしまいました。突然、社会の全部が私を攻撃し

始め、社会全体がお前は死んだほうがいいと言い始めました。私はひどく罪の意識にさいなまれて、突然吃音が始まりました。私は、自分自身強い女として30年も生きてきたのに、そんな風に扱われて、わずか3年で吃音になってしまうなんて、女として生きていくというのはなんて困難な道なんだろう、ということを理解しました。

　でも聴衆の姉妹の皆さんには、これだけは覚えておいてほしいんです。あなたは決して一人ではありません。次の歌は、「コフィン・カー」"Coffin Car" という歌です。これは、私自身が経験し、そして棺の車に乗っているであろう多くの姉妹たちのことを歌ったものです」（YouTube "I learned to stutter/Coffin Car" の前段）。

　次にとりあげる「ウーマン・パワー」が、怒りに満ちて力強く歌われるのに対し、この "Coffin Car" はあたかも葬送の歌のように、スクリーム（scream）もなく静かに歌われる。

Coffin Car（Yoko Ono, 1973）
（YouTube "I Learned To Stutter/Coffin Car"）
Coffin car
She's riding a coffin car
People watching her with tender eyes
Friends whispering in kindly words
Children running, waving hands
Telling each other, how pretty she is
棺の車

彼女は棺の車に乗っている
　　人々は愛情のこもった目で彼女を見守っている
　　友人たちは優しい言葉をささやきあっている
　　子供たちは走りまわり、手を振っている
　　そして、彼女がどんなに素敵だったか、互いに言いあっ
　　ている

　彼女が乗っているという「棺の車」とは、どんな車なのだ
ろう？　ヨーコは、前に見た「私たちはみんな水なのよ」と
いう歌でも、棺という言葉を使っていた。突拍子もなく、死
者を収める棺などという不吉な言葉が出てくる歌など、ヨー
コ以外からは聞いたことがない(33)。彼女は棺の車に乗って
いるというが、この場合の彼女とは、女性一般をさしている
のだろう。しかし現に生存していながら、そんな車に乗るの
が好きだという女性などいるのだろうか？　ここでその彼女
とは、生きているのに、本来の自分をあたかも殺しているか
のように生活している女性を象徴しているのであろう。死ん
でいればこそ、人々は、今では、愛情のこもった目つきで彼
女を見ることができる。友人たちも、彼女がまるで男のよう
に生き生きと活動していた時分には考えられなかったのに、
優しい言葉をささやきあっている。育児を担当しているのは、
もっぱら彼女であるから、子供たちは棺の車の周りを走りま
わって、手を振っている。そして彼女がどんなに優しいお母
さんであるかを言いあっている。

　　Coffin car

She likes to ride a coffin car

Friends making ways for the first time

People throwing kisses for the first time

Showering flowers, ringing bells

Telling each other, how nice she is

棺の車

彼女は棺の車に乗るのが好きなのよ

友人たちは初めて彼女に道を譲っている

人々は初めて投げキスをしている

花を投げかけ、ベルを鳴らして

互いに、なんて彼女は素敵なんだろうと言いあっている

　棺の車、彼女は棺の車に乗るのが好きだという。以前は決してそんなことはなかったのに、友人たちは、彼女があたかも死んだように棺の車に乗ると初めて、彼女に道を譲った。そして人々も、以前はそんなそぶりを見せたことはなかったのに、今は彼女に投げキスをしている。棺の車に花を投げかけ、楽しそうにベルを鳴らしながら、互いに、彼女が自分たちと同じような行動様式を示し、女として〝死者〟に仲間入りしたことで、初めて彼女は素敵だねと言いあっている。

Coffin car

She is riding a coffin car

Wives showing tears for the first time

Husbands taking their hats off for the first time

Crushing their handkerchiefs, rubbing their nose

Telling each other, how good she is

棺の車

彼女は棺の車に乗っているのね

妻たちは、初めて涙を浮かべている

夫たちは、初めて帽子をとって挨拶している

ハンカチをくしゃくしゃにして鼻をこすっている

互いに、彼女はなんて気が利くんだろうと言いあってい
る

　初めの2行はp.153の第1節と同じ。いつもは「あの女（ひと）、
男みたいね」とささやきあっていた妻たちは、今初めて目に
涙を浮かべている。冷淡に彼女を見ていた夫たちも、棺の車
に乗っている彼女に、今初めて帽子をとって敬意を表してい
る。そしてハンカチをくしゃくしゃにしながら鼻をすすって
いる。お互いに、彼女はなんて素晴らしい気配りができるん
だろう、と話し合っている。このような態度は、彼女があた
かも死者のようになって棺の車に乗ることで初めて、示され
たのである。

Half the world is dead anyway

The other half is asleep

And life is killing her

Telling her to join the dead

ともかく世界の半分は死んでいるのよ

残りの半分は眠ったかのよう

そして世間は彼女を殺している

　　　　　　　　　　　ジョンとヨーコの政治学

死者の列に加われ、と言うことによって

　女性は世界の人口の半分を占める。その女性が棺の車に乗っているのであるから、世界の半分は死んだようなものである。そのことに対して男は何も言わず、見て見ぬふりをして眠っているかのようである。ということは、現実の世界は、どのように開くかもしれない女性の才能とエネルギーを生かすことなく、「内助の功」を称えつつ、彼女を殺しているのではないか。そして、生き生きと活動している女性には、「お前も死んだようになれ」と言い続けているのである。

　So ev'ry day, she likes to ride a coffin car
　A flower covered coffin car
　Pretending she was dead
　というわけで毎日、彼女は棺の車に乗るのが好きなのよ
　棺の車は花でおおわれていて
　彼女はもう死んでいるかのように扱われている

　こうして彼女は、世間の風当たりをさけるために、毎日、彼女の死を象徴する棺の車を好んで運転している。その棺の車は花でおおわれており、彼女は確かに死んでいるかのようによそおわれている。「挽歌（ばんか）」という言葉がある。手もとの『大辞林』（1988）によると「中国で葬送の時、柩（ひつぎ）を挽（ひ）く者が歌った歌をいうところから、人の死を悼む詩歌、哀悼歌（あいとうか）」などとある。するとこの「コフィン・カー」は、ヨーコなりの女性に対する挽歌なのだろう。そしてもちろん、痛烈な皮

肉でもある。それにしても、どんなにきれいな花でおおわれ
ていようと、生きながらに死をよそおわねばならないとは、
なんという女の人生だろう？　「銀のスプーン」とともに生
まれたヨーコでさえ、死んだようになれと忠告された。女は
怒らなければいけない！

COFFIN CAR
ONO YOKO
© 1973 ONO MUSIC
Permission granted by FUJIPACIFIC MUSIC INC.

ジョンとヨーコの政治学

13

「ウーマン・パワー」
"WOMAN POWER"

女性は世界を変える

　ヨーコは、差別し抑圧される女性の立場から、男性と男性優位の世界を厳しく告発する歌を単独で多く発表しているが、最後にもう一つ「ウーマン・パワー」をとりあげる。YouTubeには "Woman Power" は複数あり、歌の前段にヨーコの興味深いセリフが入っているものがあるので、そのセリフも訳しておこう。

　　Woman Power（Yoko Ono, 1973）
　　（YouTube "Yoko Ono-Woman Power"）
　　「女性の国（woman nation）について聞いたことがあるでしょう
　　それは、あなた、本当に実現しつつあるのよ
　　私たちに必要なのは、それは確実に実現しつつあるという確信の力なのよ
　　淘汰の法則〔law of selection：環境・周囲の条件などに適応できたものだけが生き残り、そうでないものは死滅するという法則〕について聞いたことがあるでしょう

それこそ私たちがこれから実行しようとしていることな
のよ、あなた
私たちは私たちと一緒にやりたいという男たちだけを認
めるの
残りの連中は勝手にそのままでいるがいいわ」

Woman power！（chorus：woman power！）
Woman power！（chorus：woman power！）
ウーマン・パワー！（合唱：ウーマン・パワー！）
ウーマン・パワーを忘れるな！（合唱：ウーマン・パ
ワー！）

Two thousand years of male society
Laying fear and tyranny
Seeking grades and money
Clinging to values vain and phony
二千年にわたる男性社会
それは恐怖と専制政治をはぐくんだ
ステイタスと富を求めて
虚構とまやかしの価値にしがみつきながら

　キリスト（男性）が生まれてから約2000年、それ以来
ずっと男優位の時代が続いている。戦争に明け暮れる男たち
の時代は、支配を脅かすものに対する弾圧という恐怖と専制
の政治を継続させた。強い男たちは、少しでも高い地位とよ
り多くの富を獲得しようと、しのぎをけずった。そのような

地位や富が、実は人間にとって真に価値あるものではないことを知らなかったのである。

Woman power！（chorus：woman power！）
Woman power！（chorus：woman power！）
Do you know that one day you lost your way, man?
Do you know that some day you have to pay, man?
Have you anything to say, man, except
"make no mistake about it, i'm the president, you hear?
I wanna make one thing clear, i'm the president, you hear?"
男たちよ、ある日お前は、進むべき道を間違えたことに気づかなかったか？
男たちよ、そのつけはいつかは払われねばならないことを知っているか？
男たちよ、何か言うことはないのか？
「間違えるなよ、俺がボスだ、わかってるだろうな？
一つはっきりさせておこう、俺こそがボスなんだ、いいな？」
という以外に

　男たちよ、虚構の地位と富を得て、お前たちは得意になっているが、進むべき道を間違えているぜ。経済成長という至上命題を掲げ、多くの人命や美しい自然を犠牲にして得られた繁栄はやがて終わり、そのつけをいずれお前たちは払わな

ければならない。日本で顕在化してくる1950年代後半からの水俣病をはじめとする深刻な各種公害は、まさにそのつけの典型であろう。そして世界における一握りの富者と、圧倒的多数の質素な人々、そしてさらに多くの貧困にあえぐ民衆という極端な経済格差なども、そのつけと考えられよう。presidentという語では、当時のアメリカ大統領ニクソンが当然意識されている。しかしその語は、大統領という意味のほかに社長、頭取、会長、総長などを意味することもあるので、ここでは一般に組織のトップを指すとして、ボスと訳しておこう。お前たちは、部下に向かって自分がボスであることを常に意識させ、悦に入っているが、それ以外に言うことはないのだろうか？　生産の増大や利益の最大化など、一定の目的を達成するためには、上位下達の組織は確かに効率的ではあるが、虚構の地位に錯覚して、男たちは人間としての平等を忘れてしまいがちである。

Woman power！（chorus：woman power！）
Woman power！（chorus：woman power！）
You don't hear them singing songs
You don't see them living life
'cause they've got nothing to say, but
"make no mistake about it, i'm the president, you hear?
I wanna make one thing clear, i'm the president, you hear?"
男たちが歌を歌っているのを聞いたことがないでしょう

彼らは本当には人生を生きていないのよ
なぜって、「間違えるなよ、俺がボスだ、わかってるだ
ろうな？
一つはっきりさせておこう、俺こそがボスなんだ、いい
な？」
それしか言うことがないんだから

　みんなで声を合わせて歌を歌うのは楽しい。しかし男たち
が楽しそうに歌っているのを見ることはめったにないでしょ
う。合唱団やリズム体操のクラブに男性を見ることはめった
にない。彼らは人生を楽しんでいるのだろうか。彼らは、地
位と富とその維持にのみ心を奪われて、「俺こそがボスなん
だ、忘れるなよ」と威張ることしか知らないのよ。ヨーコ流
の厳しい皮肉とかなりの誇張ではあるが、休日返上の〝猛烈
サラリーマン〟を経験し、「社畜」という言葉さえ生まれた
日本の男たちにとっては、この指摘はいまだに苦いのではな
かろうか。

Woman power！（chorus：woman power！）
Woman power！（chorus：woman power！）
You may be the president now
You may still be a man
But you must also be a human
So open up and join us in living
お前は、今は、ボスかもしれない
お前は確かに男だ

しかしお前は人間でもある
　だから心を開いて、真に生きるために私たちに加わりな
さい

　男たちは、確かに今のところ、支配的な地位にいる。しか
し彼らは、政治・社会の中で気づかないまま、自分たちに有
利に機能する社会に生きていて、その陰でさまざまに女性が
不利益を被っていることを知らない。男たちは、今でこそボ
ス風を吹かせていい気になっているかもしれないが、虚構の
地位と肩書を取り去れば、女性と同じ普通の人間である。だ
から、さあ謙虚に、心を開いて、真に充実した人生を生きる
ために、私たちの仲間に加わりなさい。

　　Woman power！（chorus：woman power！）
　　Woman power！（chorus：woman power！）
　　In the coming age of feminine society
　　We'll regain our human dignity
　　We'll lay some truth and clarity
　　And bring back nature's beauty
　　やがてくる女性重視の時代には
　　私たちは人間としての尊厳をとりもどします
　　私たちは真理と明快さをはぐくみます
　　そして自然の美しさを回復します

　やがて来るであろう、男性と対等な、あるいはむしろ女性
の視点が充分に生かされる社会では、私たちは人間としての

尊厳を取り戻すでしょう。私たちは、まやかしであやふやな大義に惑わされることなく、真理と明快さを旨とする社会を目指します。2020東京オリンピック（2021年開催）で、レインボー・ブリッジを望む壮観なお台場の会場を泳いだオープン・ウォーターの選手は、昨年検出された「トイレのにおい」こそ、今年は汚水の流入を防ぐ特殊なスクリーンで改善されていたものの、「（水中に）入ると全然前が見えない汚れだった」という。そして選手は水をかくたびに茶色い水しぶきを上げていた（『東京』2021. 8.7）。私たち女性は、緑と清明な水に恵まれた自然の美を生き返らせます。

Woman power！（chorus：woman power！）
Woman power！（chorus：woman power！）
Ev'ry woman has a song to sing
Ev'ry woman has a story to tell
Make no mistake about it, brothers
We women have the **power** to move the mountains
すべての女性は歌うべき歌を持っています
すべての女性には語るべき物語があります
男たちよ、そこのところを間違えてはいけない
われわれ女性は、山を動かす**力**をもっているのですよ

　すべての女性は、楽しい時には声を出して歌う歌をそれぞれ持っている。すべての女性は、過去に経験した困難についてだけでなく、将来を見すえた夢についても語ることができます。2000年も続いている男性優位の社会、それを変革す

るのは、とてつもなく大きな山に直面しているようなもの。しかし、目前の仕事に忙殺されて反省と沈思の時間を持てない男たちよ、われわれ女性は、豊かな構想力で、不可能と思われるほどの大きな山のような困難、男性優位の社会を逆転させるという困難をも、乗り越えることができるんですよ。最後の行の "**power**" は、とんでもなく大きく力強い声で歌われるので、たいていの男はビビるに違いない。

Woman power！（chorus：woman power！）
Woman power！（chorus：woman power！）
Did you have to cook the meals?
Did you have to knit?
Did you have to care for life instead of killing?
There's no mistake about it, sisters
We women have the **power** to change the world
〔男たちよ、〕食事の支度をしたことがありますか？
編み物をしたことがありますか？
殺す、ではなく、生きるということを気にかけたことがありますか？
姉妹たちよ、間違ってはいけないよ
私たち女性は世界を変える**力**をもっているのですよ

　男たちよ、あなたは台所に入って家族の食事を用意したことがあるだろうか？　日本世論調査協会が実施した「食と日本社会」をめぐる調査によれば、家で食事を作る人の性別割合は、「どちらかといえば」という回答を含めると、つい最

　　　　　　　　　　ジョンとヨーコの政治学

近でも、87％が女性だったという（『東京』2021.8.12）。食器洗いなどの後片付け、トイレや浴室の掃除も、似たような割合ではなかろうか。ついでヨーコは尋ねる。男たちよ、あなたはあなたたちや子供たちが着る暖かいセーターや靴下を編んだり、破れやほころびを繕う裁縫をしたことがあるだろうか？　こうなると、女性の割合はもっと大きくなるに違いない。ヨーコの問いはさらに厳しい。男たちよ、あなたは戦場で、敵対する相手を殺すことをもっぱら考えてきたのではないか？　そうではなく、敵も味方も区別なく、子供を育て、人生を楽しく幸せに生きることこそ人間にとって最も大切なことだ、という風に考えたことがあるだろうか？　そして女性たちに呼びかける。姉妹たちよ、私たち女性は、この強固な2000年にわたって男性の論理がはびこる社会を、変革する力をもっているのですよ。そのことを決して忘れてはいけません。最後の行の "**power**" は、ここでも力強く大きい。

Woman power！（chorus：woman power！）
ウーマン・パワーを忘れるな！（合唱：ウーマン・パワー！）
Woman power！
……
（9回くらいくり返し）

最後はヨーコの「ウーマン・パワー」の歌声の後にコーラスの「ウーマン・パワー」が続いたり、ヨーコ単独の歌声だったりが、9回くらいくり返される[34]。

「女性上位万歳」

ヨーコには、日本の女性解放運動の活動家に頼まれて作った、日本語によるウーマン・パワーの歌がある。それが「女性上位万歳」である。日本語であり、翻訳する必要はないので、第1節のみ紹介しよう。

「**女性上位万歳**」　ヨーコ・オノ（1973）
（YouTube「女性上位万歳」）
男性社会一千年
煤煙うずまく日本国
歴史が示す無能の徒
男性総辞任の時が来た
おんなの本性みせる時
女魂女力で、女魂女力で
開こう新時代
（コーラス）
女性上位万歳！　女性上位万歳！

　世界の歴史を考慮した場合には「男性社会二千年」だったが、日本の場合には「一千年」となっている。1970年代といえば、経済成長にともなう四日市ぜんそく、第二水俣病そして光化学スモッグなどの被害が問題となっていた時期である。洋の東西を問わず、1970年以前の映画を見ると、ほとんどの男たちは絶え間なく煙草を吸っている。その貢献もあってか、大気汚染は深刻であった。多大な犠牲を強いる戦争に明け暮れた時代と、地球温暖化による気候変動がもたら

す惨害を思えば、「歴史が示す無能の徒」という厳しい表現
も、あながち誇張とは言えないかもしれない。そこで一度は、
男性は総辞任して「家庭でも政治でも女性と交代したら？」
（オノ、1990、123）というわけである。そして「『女魂女
力』は『女根（男根に対する）女力』にかけたわけです」
（オノ、1990、112）というからすごい[35]。

　ジョンに対する国外退去命令がようやく破棄され、同時に
息子ショーン（Sean）が誕生した1976年1月、ジョンは音
楽活動を停止し、それから1980年7月まで、育児と家事全
般をジョンが担当する主夫（househusbad）を経験した。
その間ヨーコは、自身の音楽活動のかたわら、対外折衝や経
理など二人のためのマネージメント一切を切りもりした。普
通の男女の役割を交代させたのである。先んじた実践では
あったが、それは期間を限定された内輪での経験であり、そ
れで女性全般にかかわる問題が解決するわけではない。女性
は女性の力で時代を変えていかねばならない。「女魂女力」
でというわけである。男はそれに抗しうるか？　「ただの私」
と言いながら、ただならぬヨーコであるから、俗にいう「昼
間は処女のごとく、夜は娼婦のように」など、なまじ男に都
合のよい言いぐさは、男は「昼間は童貞のごとく、夜は種馬
のごとく」あるべしと、簡単にひっくり返されてしまう（オ
ノ、1990，73）。とは言うものの、男性優位の社会制度は牢
固としてある。ヨーコがこの歌を歌ってからほぼ半世紀を経
た日本、「万世一系」の「男系」天皇が脈々と続く日本国で
は、世界経済フォーラム（WEF）の2022年報告によれば、
男女格差を示すジェンダー・ギャップ指数は、先進諸国から

は大きく水をあけられ、世界146カ国中125位である。さらに政治の分野での女性リーダーは一層少なく、日本の指数は138位と最低水準であり、「日本より下位に位置するのは八ヵ国のみ」という（『東京』2023.6.22）。怒りを込めたヨーコの歌に対して、私たちはなおも耳を傾けねばなるまい。

WOMAN POWER
ONO YOKO
© 1973 ONO MUSIC
Permission granted by FUJIPACIFIC MUSIC INC.

JOSEIOIBANZAL
ONO YOKO
© 1973 ONO MUSIC
Permission granted by FUJIPACIFIC MUSIC INC.

おわりに

　ヨーコとジョンの活動は音楽だけでなく、映画、絵画、彫刻、人をニヤリとさせる仕掛け、人を動転させるパフォーマンス、反戦活動、とくにはイギリスの労働者の抗議運動に対する共感とコミットメント（多大な寄付など）と、多方面にわたっており、その全体的な評価は私などにできることではない。1974年8月、「町に緑を！　若者に広場を！　そして大きな夢を！」というテーマで招待された福島県郡山のステージでは、ヨーコは女性のパンティーをばらまいたという し（和久井、2020, 166）、またある時は通りすがりの誰にでも花をプレゼントしたという。そして、観衆からは内部が見えない袋（bag）の中に二人が入ってもぞもぞするというような、ジョンも楽しみつつ行なったパフォーマンスなどは、そのとき、その場にいた人にしか経験し、また見ることのできなかった一過性のイベント、表現行為である。人間にはそんな行動、パフォーマンスもできるのかとハッとするような、これまで考えられたことのなかった人間の新しい可能性に気づかせてくれる彼らのパフォーマンス、そしてヨーコの前衛的な多くの楽曲。それらについての評価は、これからも音楽やアートの専門家たちによってなされるであろう。

ここでは最後に、とくにはジョンとヨーコが創った歌詞について、それらに込められた万感の想いと意義に注目してみよう。まずきわだった特徴は、彼らは普通の歌詞ではほとんど使われることのない過激な、しかし現実世界には厳として存在する事象についての言葉を、歌詞の中に容赦なくとりこんでいるという点である。思いつくままにあげるだけでも、例えば、殺す・殺人者（アルバム *Some Time in New York City* 中の "Don't Worry Kyoko" では、ヨーコは「英国よ、お前はハンラティ〔冤罪の可能性が濃厚であった（Wiener, 1984, chap.10）〕を殺した！　お前は殺人者だ」"Britain, you killed Hanratty！ You murderer." と叫んでいる）、射殺（shoot down："Angela"）、刑務所（Attica State；prison；jail；prisonhouse）、戦場（warzone）、レイプ（rape："The Luck of the Irish"）、軽蔑的にベトナム人・アジア人・街娼・物乞いなどの意味があるグーク（gook："John Sinclair"）、棺（coffin）、地獄（hell）、血塗られた（bloody）、麻薬（drug；dope）、中絶（abortion：Ono "Angry Young Woman"）、去勢する（stone：Ono "Hell in Paradise"）、暗黒街（slime：同前）など、普通には人々が忌避したい場所、触れたくない事柄などが堂々と歌われている。刑務所あるいは監獄を歌った歌など、日本では放送禁止とされた〝健さん〟の「網走番外地」（1965）（森達也、2003,113）のほかには、北原ミレイが歌った「ざんげの値打ちもない」（1970）の〝まぼろし〟の4番に牢獄を示唆する歌詞があるくらいか。「今でなくては！」"Now or Never" のところで見たように、殺す（kill）とか死（die；death；dead）や血（blood）という言葉は

　ジョンとヨーコの政治学

しょっちゅうである。

　石川さゆりの「天城越え」(1986) には、「あなたを殺し
ていいですか」というセリフがあり、あいみょんの「貴方解
剖純愛歌—死ね」(2015) も過激であるが、これらはいずれ
も甘い冗談であろう。しかしジョンとヨーコがkillという言
葉を使うときは、明確に殺人を意味している。「〔夫を殺され
た〕妻たち」(widowed wives："Attica State") といった言
葉もある。思いつく例として、日本人歌手の歌詞で特筆すべ
きは、「悪魔」「祖国と女たち(従軍慰安婦の唄)」「亡霊達の
行進」などを歌う美輪明宏のものがある。

　ジョンとヨーコの歌詞には物騒な事柄、モノなども頻出す
る。銃、(gun)、引き金 (trigger："Attica State")、射殺
(shoot："John Sinclair")、略奪者 (brigand："The Luck of
the Irish")、剃刀の刃 (razor：Ono "Born in Prison")、首
つり (hang：Ono "Woman of Salem")、破壊 (destruction)
など……。ボブ・ディランにも、「風に吹かれて」"Blowin'
In the Wind" (1963)、「戦争の親玉」"Masters of War"
(1963)「ハッティ・キャロルの寂しい死」"The Lonesome
Death of Hattie Caroll" (1964) など、厳しい言葉使いの歌
はあるが、歌詞による政治的・社会的プロテストの後続はほ
ぼ見られない。

　ジョンとヨーコの歌詞や活動の第2の特徴は、エロティッ
クな言葉や表現が堂々と使用され、顕示されることである。
上に見たジョンのスケッチ、ペニス (Ono, *Grapefruit*)、マ
スターベーション、ファック、セックスなどの言葉について
は本文で触れた。タイトルにコンドームという語が使われて

いる歌もある（"Scumbag"：Lennon-Ono-Zappa, *Sometime in New York City*, Disc 2）。ヨーコがシングルで出した「オープン・ユア・ボックス」"Open Your Box"（1971年：ジョンとヨーコが共同プロデューサー）は、ヴァージョンがいくつかあるようであるが、意味深なヨーコのため息や奇声とともに「ボックスを開け」（Open your box）、「スカートを開け」（Open your skirts）、「足を開け」（Open your legs）、「太ももを開け」（Open your thighs）といった言葉が連呼される不思議な曲である。もともとbox（箱）にはスラングとして女性器という意味があるようであり、イギリスでは放送禁止となり、アメリカではレコード会社がレコード盤作成を拒否したらしい（Wikipedia "Open Your Box", June, 2022）。

　二人がヌードを見せた。「トゥー・ヴァージンズ」、ジョンが銃殺される5時間前に撮影され、翌年『ローリング・ストーン』誌1981年1月22日の追悼号の表紙カバーとなった、裸のジョンが着衣のヨーコに抱きついている写真などはよく知られている。ヨーコが街娼の誘いを真似している音声もあるし、「キス キス キス」"Kiss Kiss Kiss"（1980；ジョンとの共同プロデュースでジョンはギターを受けもっている）では、明らかにオーガズムに達する女性の喘ぎをヨーコは表現している。ヨーコにはこんな主張もある。「私たちは現実的であることを、いつも弁解がましく感じています。スクリーンに登場する無臭のセルロイドのような王子様やお姫様イメージと違って、おならしてごめんなさい、セックスして人間臭くてごめんなさい、などなど……」（Ono, 1972）。

さらに第3の興味深い特徴は、彼らの歌詞の中に政治学ないし社会科学の分野で使われる分析概念がしばしば出てくることである。国家（country）、革命（revolution）、権力（power）、ジェノサイド（genocide："The Luck of the Irish"）、強制収容所（concentration camp：同前）、ゲリラ（guerrilla："Mind Games"）、労働者階級（working class）、専制（政治）（tyranny）、（政治的）無関心（apathy：Ono "Hell in Paradise"）、神話（mythology：同前）、イデオロギー（ideology：同前）、制度（institution：同前）、偽善的（hypocritic）、政治屋（politician）、〔好戦的〕愛国主義者（chauvinist）、敵（enemy：Ono "Rainbow Revelation"）、概念（concept）など……。渡辺美里が "My Revolution"（1986）を歌っても、それは失恋を契機とする明るい自己変革の歌であるが、ジョンとヨーコのrevolutionは、実際に実現できるかどうかは別として、現実的な政治的変革を意味している。

　「社会に対する諸価値の権威的配分」（Easton, 1965, 50）とは、デヴィド・イーストンのすぐれた政治の定義であるが、本文中でも触れたように、その価値（生命を含む）の配分は、政治の世界ではほとんどの場合大いに不平等になされる。そしてそのことは、何らかの具合に理屈づけされて正当化される。その不条理をジョンとヨーコは、歌詞には不似合いな概念を使って直感的に衝くのである。すなわち二人には、戦争（殺し合い：それは同時にすさまじい環境破壊でもある）、人種差別、女性差別、富の所有や権力関係における巨大な不平等など、さまざまな不条理についての認識と分析があり、それに加えてそれらの鋭い分析は、とくには 3「労働者階級の

英雄」や5「真実が欲しい」で見たように、いわば社会科学的な命題をも含意させるものとなっている。そしてその点こそは、音楽やアートに詳しいわけでもない政治学専攻の私が惹きつけられた理由である。

　このように、人々が口にするのをはばかる事柄、できれば見たくない事柄、あまり触れられたくない事柄、ポピュラーな歌詞としては不適切な、NHK「みんなのうた」では決して取り上げられないような言葉などをも、ジョンとヨーコはあえて使用した。しかしそれらの言葉が表すのは、実はすべて人間的な真実であり、人間が生き、活動していく上では避けられない事柄、何らかの形で処理せねばならない事柄である。二人は、そのような事実から逃げないでそれらを直視し、その存在を認めながら、不条理を不条理として告発することこそが私たちの存在理由であり、その上で、多様な個性が尊重される社会へと変革したいということであろう。

　「みんなは僕がやっていることを狂っているという／……夢を見ている怠け者だという」(「ウォッチング・ザ・ホイールズ」"Watching the Wheels")とジョンは言い、人々の見るところヨーコも同罪であろうが、しかし二人が個人的に運営していた基金「スピリット・ファウンデーション」(Spirit Foundations, Inc., New York City)は、「反戦運動から身体の不自由な子供たちのためのキャンペーンまで、さまざまな種類のチャリティを行なっていた」し、「ふたりの収入の10％は自動的にこの基金に入るようになってい」た(和久井、2020, 195)。彼らの真摯な、しかしユーモアにあふれた平和への行動、鋭い不条理の指摘はすでに紹介したとおりで

ある(36)。

　ジョン亡き後、ヨーコは一人で奮闘している。ヨーコは言う。「私たちはみんな海の上の船に乗っているようなもので、同じ問題を抱えているの：つまり私たちはその船が沈まないように努力しているのよ。大きな船が沈没しないようにするには、ぼう大なエネルギーが必要だわ。ジョンと私はそれを一緒にやっていたのに、彼はもういない。私は一人でこの船が沈まないよう力を尽くしているの。でもそれはきつい」(Wiener, 1984, 332)。

　1985年、ヨーコはアルバム『スターピース』(Starpeace)を製作したが、それは「ロナルド・レーガンの『スター・ウォーズ』(Star Wars) ミサイル防衛システムに対抗して、平和のメッセージを世界中に広めるというコンセプトで企画された」(Wikipedia "Starpeace," Aug. 2021)。アルバムの中でヨーコは、〔平和な〕「地球こそ私たちの至福の場所(heaven)、笑顔と喜びの源である。地球こそは私たちが楽しみながら生きるパラダイスである」(Starpeaceのリーフレット) と言い、収録された「地球よ、好き！」"I love you, earth" では、「今まで言ったこと、なかったけれど／私、あなたが好きよ、地球」……「地球よ、あなたは美しい／かがやくあなたの谷、あなたの朝／緑の野原に続く、青い山並み／今にも叫びだしたいくらい」(訳は大石) と地球への愛を告白する。ヨーコは宇宙のどこかの星座から、地球にいる息子ショーンに長距離電話をかけて地球の状況を心配しているが ("Starpeace")、そのとおり、ベトナム戦争が終わっても、アフガニスタンやイラクなどでは、軍事大国を巻

きこんで死者を多く出す戦闘が長く続いていたし、最近ではロシアによるウクライナへの軍事侵攻がなお継続中である。ヨーコが切に望む、地球を含めた宇宙の平和（United state of peace）はまだ訪れてはいない。ベトナム戦争における死体をさらした「今でなくては！」の表紙の意味は、「今、この戦争をやめなければ、この悲劇はいつまでも続くわ！　一刻も時間を無駄にしてはいけない！」というせっぱつまってのことであったろう。この曲は、いみじくも現実の今の世界を「戦場」になぞらえる最新のアルバム『ウォーゾーン』（*Warzone*, 2018）にも再録された。ロシア・ウクライナ間の戦争の惨状を見ても、地球は平和へとは向かっていないのではないか。アメリカ、中国、ロシア、インドなど世界の大国ばかりでなく、日本を含めて多くの国々の軍事費は増加の一途をたどっているようだ（『東京』2021.4.27）。ストックホルム国際平和研究所（SIPRI）の発表によれば、2022年の世界の軍事費は前年比で実質3.7％増加し、過去最高を記録したという。世界にはアメリカとロシアを中心に2022年時点で、約1万2700発の核兵器が残っているという（米国科学者連合（FAS）によるデータ）。ミサイルの発射実験をくりかえす政治リーダー、誤爆による市民の犠牲を顧みず無人攻撃機（軍事ドローン）による空爆を継続するという政治リーダー、他国への軍事侵略を今も断行する政治リーダーがいる。

　ジョンとヨーコが「イマジン」で描いたような理想の社会さらには世界は、単なるファンタジーに過ぎない、という人もいる。しかし逆に、理想像として二人によって描かれた

ファンタジー（*Double Fantasy！*）だからこそ、それを根拠に、血なまぐさくて、自然を壊し、途方もない貧富の格差のある、いびつな現実社会をクリアに照射できるのではないか。緑と水の地球に住むのは人間だけではない。ジョンとヨーコの平和思想は、地球全体におよぶ。1970年にジョンのギター、ヨーコのヴォーカルでリリースされ、2018年の*Warzone*ではヨーコのヴォーカルのみで再録された「ホワイ」"Why"の新ヴァージョンについてヨーコはこう言う。「動物たちにミュージシャンと同等の存在感を与えたかったのです。象がすべての動物を代弁しているのです。人間は象牙を手に入れるために象を殺している。……そんな人間の行いに対し……〔今度は〕（録音には）動物たちの声を楽器として使いました」（和久井、2018, 314）。カラス、象、オオカミなど、動物たちの鳴き声をバックに、"Why？"のくり返しとスクリームだけのヨーコの曲は、ファンタジーが浮き彫りにするこの世界のあらゆる不条理への詰問に聞こえる。

　「イマジン」の項の最後で、ジョンとヨーコが設立した、冗談とも本気ともつかぬ想像上の国家「ヌートピア」について触れた。エイプリル・フールの冗談を装ってはいたが、二人は真摯であった。ヨーコはその後、1982年のクリスマス、『ニューヨーク・タイムズ』紙に、「ヌートピア」に触れつつ「平和に降伏しよう」"Surrender to Peace"という長文の広告を掲載して、平和への強い思いを訴えた。2007年には、ホームページで、短く平和への働きかけを呼びかけた。そして、2021年4月1日の「ヌートピア」建国記念日には、またメッセージを載せた。私たちはすでに「ヌートピア」を知っ

ており、したがってヌートピア国民としての市民権を持っているので、みんなが大使である。ヨーコの最新の呼びかけはこうである。

ヌートピア国の大使のみなさま、
平和を思い、平和のために行動し、平和を広め、平和を想像する（IMAGINE PEACE）ことを人々に知らせましょう。
もうすぐ、世界中の人々は、私たちみんながヌートピア国に属していることを理解するでしょう。
いっしょに、他の星々に、ここ私たちの星で起こっていることを知らせましょう──すなわち私たちはみんな仲間であり、平和（PEACE）に暮らしていることを。
愛を込めて
ヨーコ・オノ・レノン
2021年4月1日
（傍点は大石）〈www.johnlennon.com/news/the-birth-of-nutopia-1-april-1973-〉

　私たちの星、地球に、ヨーコ（とジョン）が望んだような、人種、民族、性別、貧富、性志向などを超えた、多様なすべての人々が平穏に暮らせる緑豊かな平和は、まだ訪れていないようだ。放送禁止、レコード発売妨害、出版禁止、国外退去命令など、当局や出版会社にしばしば翻弄されながらも、ジョンとヨーコはひるまず果敢に行動した。たいていの国家が示すような拘束性はあったけれども、最終的にはイギリス、

アメリカの民主主義は彼らの活動を許容した。それは、現在のロシアにおける情報の極端なまでのコントロールと行動の抑圧を見れば、民主主義の理念とともに、相当程度に成熟した現実の民主主義による寛容の度合いを再確認させるものでもある。

　ジョン存命であれば、平和と、自由で平等な共存を意図してどんな破天荒な、しかしクスリとさせるパフォーマンスを、二人は見せるのだろう？

注

(1)「イマジン」はこれまでジョン・レノン単独による作詞・作曲とされてきたが、2017年6月、全米著作権協会はヨーコも共作者と認めた（和久井、2020, 6）。

(2) YouTube "Don't worry Kyoko（Mummy's Only Looking For Her Hand in the Snow)"「ドント、ワリ」"Don't worry" と「京子」"Kyoooo……ooo kooo" という、ヨーコの執拗な絶叫が続く演奏ないしパフォーマンスに、実際に演奏された場面では（おそらくはあきれはてて）会場を出た観客も多かったらしい。ジョンも、ヨーコの音楽というかパフォーマンスは、普通にはなかなか理解されないだろうと言う。しかし京子を思う切実なヨーコの気持は、むしろその果てしないほど続く叫びでこそ、伝わってくる。

　アルバム『サムタイム・イン・ニューヨーク・シティ』（*Some Time in New York City*）のDisc 2はライヴ録音であり、そこにも「心配しないで、京子」"Don't Worry Kyoko" が収められているが、それはヨーコによる "Jooooo……ohn, I love yooo……uuu……" という絶叫に続いて、"Britain, You killed Hanratty, you murderer Ahhhhhhhhh……"（英国よ、お前はハンラティを殺した、お前は殺人者だ…）という物騒な語句から始まり、その後ときおり "Kyoooo……koo" と "Don't worry" の叫びが執拗にくり返される、意味不明な音響がまじる不思議な曲である。ヨーコの悲痛な気持ち、理屈で説明できない怒り、それらを爆発させながら、全体を（アートとしての）パフォーマンスにしてしまうヨーコのしたたかさを存分に感じさせる演奏である。

(3) 翻訳詩集の英文は "The world is so wrong" となっており、岩谷は「今の世界は間違っているから／だからハッピークリスマス」と訳し（岩谷、1986, 38-9）、平田は「世の中は間違っているからこそ／ハッピー・クリスマス」（平田、1994, 78-9）と訳している。しかしCDやYouTubeで聴いてみると、"The road is so long" と歌っているようであり、意味を補いながら、本文中でのように解釈してみた（参照、Wiener, 1984, 166；CD：*Shaved Fish*, 1972, Apple Recordsの歌詞カード）。

　なお、この節の最終行 "Let's stop all the fighting" は、上記、岩谷と

平田の翻訳本では "fight" となっているが、*Shaved Fish* では "fighting" となっている。文法的にはどちらでも構わないだろうし、ジョンの歌を聴く限りでは、どちらとも判別しがたいので、私は *Shaved Fish* の方を採った。

(4) Jurejko, Jonathan, "Naomi Osaka : How a shy introvert has found her voice to become tennis' new leader," BBC Sport, Sep. 4, 2020. 大坂なおみは、2021年5月、世界で活躍したスポーツの個人・団体に贈られる「ローレウス・スポーツ賞」を授与された。BLMの活動を支援したことも評価され、年間最優秀女子選手となった彼女は、全米オープンで優勝した後「声をあげ、行動することが大切」との談話を発表した（『東京新聞』2021. 5. 13）。

(5) イメージが本物になる事象について、大石『政治行動論の基礎』1983、90-1。元アメリカ大統領トランプがしばしば流したフェイク・ニュース "fake news" も、この効果を狙っていたのかもしれない。

　なお、自殺したアメリカのシンガーソングライター、フィル・オックス（Phil Ochs : 1946—76）には、"The War Is Over" という歌があり、ベトナム戦争反対のキャンペーンを、2年以上前の1967年にロサンジェルスなどで行なっている。ジョンはそのことを知らなかったようだ（Wiener, 1984, pp.108-9）。

(6) アシー（Athey）のブログは、現在は消去されて見ることができない。しかしエミリー・ペツコ（Emily Petsko）のブログ「ジョン・レノンとオノ ヨーコが世界のリーダーにドングリを送ったとき」"When John Lennon and Yoko Ono mailed Acorns to World Leaders"（June 21, 2018）〈Jan. 2022〉には、世界各国の政治リーダーたちにドングリを送った「平和どんぐり」プロジェクト（"peace acorn" project）についての興味深い事実が、二人が「ドングリをつまんで示している写真」「BAGISM と書かれた袋のなかに入っている写真」〔＝バギズム（p.27〜）の実践〕「WAR IS OVERの看板を掲げている写真」とともに語られている。ドングリはむろん故エリザベス女王にも送られ、そのほかマレーシア、南アフリカ、イスラエル、カンボジアなどのリーダーからも好意的な反応が得られたらしい。さらに最初のドングリ送付から40周年記念の2009年、ヨーコは123人の世界のリーダーに再び「平和どんぐり」を送り、そのな

かにはアメリカ大統領バラク＆ミシェル・オバマ夫妻も含まれていたという。

(7) 平田（1994）は「平和を我等に」とし、油井（2018）はタイトルは「平和を我らに」であるが、歌詞は「平和にチャンスを与えよ」と訳している。歌詞で示した「平和というものを試してみよう」は、『ジョン・レノン ラスト・インタビュー』の訳者池澤夏樹の訳である（2001, 39）。

(8) ジョンとポール（Paul McCartney）はビートルズを結成した時以来、主として作詞作曲したのがどちらであっても、二人の共作として発表することを約束しあっていた。「イエスタデイ」"Yesterday" や「レット・イトゥ・ビー」"Let it be" は一般的にはポールの名曲として知られているし、後で触れる「レヴォルーション」"Revolution" は実質ジョンの曲である。しかしほとんどすべてのビートルズの曲のクレジットは二人の連名である。「平和にチャンスを」はジョン単独での、あるいはむしろヨーコとの共作であり、またビートルズはすでに実質解散していたにもかかわらず、ジョンは律儀に約束を守って、シングルおよびアルバム *Shaved Fish* でのクレジットはやはりポールとの連名である。しかし Wikipedia によれば、この歌は「実際にはヨーコとの共作であり、クレジットをヨーコにしなかったことを」ジョンは後悔しており、1997年の *Lennon Legend: The Very Best of John Lennon* というアルバム以降では Lennon のみのクレジットとなっているそうなので、私もその説明に従った（Wiki, "Give Peace a Chance," June, 2023）。

(9) ヨーコは、バギズムのアイディアは、サン・テグジュペリ『星の王子さま』にある表現にインスパイアされたという。翻訳本にはこうある。「……いま、こうして目の前に見ているのは、人間の外側だけだ、一ばんたいせつなものは、目に見えないのだ……」（内藤 濯 訳、126頁）

二人によるもっとも早いバギズムの実践は、1968年末、ロンドンのロイヤル・アルバート・ホールで行なわれた、アンダーグランド芸術家たちによる「アルケミカル・ウェディング」（The Alchemical Wedding）というイベントのときである。「ミュージシャンたちが演奏し、詩人たちがわめいている中、ジョンとヨーコは舞台上にある白いシーツのような袋の中に入り、いつまで続くのかと思うほどその中に身を隠し続けていた。すると赤ん坊がゆっくりとはい寄ってきた。それが「バッグ・ハプニング」

ジョンとヨーコの政治学

（bag happening）の始まりで、観衆の中の若い女性が衣服を脱ぎ素っ裸で浮かれて踊りだし、大混乱となった。警官が呼ばれ、数人の参加者が彼女を連れ出そうとしたが、たちまち何人かが一緒になって彼らの衣服を脱ぎ始めた。やがて騒ぎは収まり、誰も逮捕されることはなかった。このヌード女性事件は、写真とともにロンドンの夕刊紙の一面を飾ることとなった」（Wikipedia "Bagism"：June, 2021）。

（10）たとえば、明らかに冤罪を疑われる殺人事件であったにもかかわらず死刑執行されたハンラティ（James Hanratty）のケースに関して、ジョンとヨーコは袋に入って抗議した。まず1969年12月、ビートルズのメンバーであるリンゴの映画『マジック・クリスチャン』（*Magic Christian*）のプレミア・ショーに、ロールスロイスで現れたジョンとヨーコは、出演俳優のピーター・セラーズ（Peter Sellers）やマーガレット王妃などがいる前で、「英国はハンラティを殺した」（Britain murdered Hanratty）と書かれた旗を広げた。その同じ週にハイドパークに現れたジョンのロールスには、大きな白い袋が積まれており、袋には「ジェームズ・ハンラティのための静かなる抗議」と書かれていた。もぞもぞ動く袋を積んだロールスは、ハンラティの絞首刑に対して再審を要求する首相官邸への行列に加わった（Wiener, 1984, 109-13）。

（11）内田（2000）では、"The Ballad of John and Yoko" の中の一節 "Eating chocolate cake in a bag" は、「袋に入ったチョコレート・ケーキをたべてたら」と訳されているが、本文の記述から分かるようにこれは誤訳であろう。ジョンとヨーコはバギズムの実践として、自ら袋の中に入って、チョコレート・ケーキを食べていたのである。コールマン（下、1985、383）も同様に誤訳。

（12）サヴィル・ロウは、ロンドン中心部の洗練された地区メイフェア（Mayfair）にある通りで、王室も通う名門高級紳士服店が集中していることで有名（ウィキペディア「サヴィル・ロウ」June, 2021）。

（13）現代イギリス社会において、労働者階級を含む入り組んだ階層構造の様相について、ブレイディ（2017）の描写が興味深い。

（14）オウム真理教事件について簡単には、大石（2018）を参照。えせ宗教に惑わされる庶民という点に関して言えば、母親が信者であった息子により安倍元首相が銃撃・殺害された、世界平和統一家庭連合（旧統一教

会）にかかわる事件は、本稿執筆中に起きた。この事件をきっかけとして、とくには自民党政権と旧統一教会との抜き差しならない癒着の関係があぶりだされた。

（15）ウィキペディア「パワー・トゥ・ザ・ピープル」（May, 2021）によれば、当時の東芝音楽工業（現：EMI）が（おそらくは「権力」という言葉を使うことに関して）親会社である東芝に配慮したという。

（16）カトリックの国であるアイルランドは、独立戦争を経て1921年にイギリスの支配から脱して自治権を得た。しかしその際、17世紀にアイルランドに入植したプロテスタント系のイングランド・スコットランド系住民が多かった北アイルランドの6県は、イギリスに残った。他方でカトリック系住民も3分の1はいたわけで、そこに宗教的対立やカトリック系住民に対する差別問題が生じていた。アイルランドは1937年に自治領から独立の共和国となったが、北アイルランドではイギリスの統治を望むプロテスタント系住民と、差別撤廃とアイルランド共和国との統一を求めるカトリック系住民が激しく対立。後者を抑圧する現地北アイルランド警察にイギリス軍も加わって、60年代後半の状況は爆弾テロの応酬を含む泥沼状態であった。もともとジョンの祖父はアイルランド出身であり、レノンというのは南アイルランドに居住する一族オ＝リアンネイン（O' Leannain）をイギリス風に改めた名前である（コールマン、1986、43）。そのゆえにアイルランドに対しては、ジョンは強い愛着を感じていた。1972年1月に起こった「血の日曜日事件」（ボグサイド虐殺）Bloody Sunday（Bogside Massacre ）（デモ行進中だった市民27名が、北アイルランドのロンドンデリーでイギリス陸軍落下傘部隊に銃撃され、14名が死亡した）に対しては、ジョンはヨーコと共に「血まみれの日曜日」"Sunday Bloody Sunday" や「あなたがもしアイルランド人なら」"The Luck of the Irish"（日本語タイトルは岩谷、1986）という強烈な歌ですぐ反応した。同じくアイルランド系のポール・マッカートニーも、彼にしては珍しく政治的主張を含む「アイルランドはアイルランド人に返せ！」"Give Ireland Back to the Irish"（1972）という歌で抗議した。また同じくアイルランドのロックバンドU2 にも "Sunday Bloody Sunday"（1983）という歌がある。

　2019年3月に亡くなった破天荒なロック・ミュージシャン内田裕也は、

1991年の東京都知事選挙に立候補したときの政見放送で、冒頭10秒間の沈黙の後、アカペラで "Power to the People" を歌ったという。

（17）"Mother-hubbard" は、1805年に出版されたS. C. Martin, *The Comic Advemtures of Old Mother Hubbard and Her Dog* に由来すると思われるが、その詩には、「ハバードおばさんが犬にエサをやろうとして戸棚を見たら、戸棚は空だった　結局、犬はエサをもらえなかった」という意味の節があり、そのようなイメージを喚起させようとしたものであろう。なお、平田（1994）の訳本では、英文が "With just a pocketful of sope" となっていて、訳は「賄賂を一杯使って」となっている。Sope は、一行上の soft-soap と関連させているのだろうが、sope という単語はそもそもない。*Imagine* の英文ジャケットでは hope である。コールマン（下、1985, 398）では、英文は示されていないが、訳者の岡山は「ポケット一杯の希望を餌にして」と訳している。こちらの方が妥当と思われるので、そのような訳とした。

（18）アメリカ政府は「核持ち込み」（introduction）という言葉の意味を二つに分けていた。すなわち（1）核を本格的に配置、配備（emplacement）ないし貯蔵（storage）する場合と、（2）核を搭載した艦船が日本の港湾に一時寄港したり（entry）、核搭載の軍用機が飛来し通過する（transit）場合とである。日本政府は「核持ち込み」ということばを使う時、表向き、（1）と（2）の両方の意味をふくませていたが、アメリカは後者（2）の場合は事前協議の対象にはふくまれないと解釈していた。そして本文および注（20）で述べるように、日本政府はアメリカのその解釈を知っていたのである（米国で公開された資料を駆使した詳細な議論については、我部、2000、第1章を参照）。

（19）そのシーンは次のようなものであった。「〔首脳〕会談の最後に、ニクソン大統領は佐藤総理大臣に対して、オーバル・オフィス〔大統領執務室〕に隣接する小部屋にあるオブジェ・ダール美術品を鑑賞することを提案する。〔通訳も外して〕両首脳だけがその小部屋に入り、ドアを閉め、そこで二人は核問題に関する秘密の合意議事録（同文二通）に署名する。二人はそれを一通ずつ保持する」（若泉、1994, 446）。脚本と振り付けは若泉とH・キッシンジャー。若泉の草案に「極秘」とあるニクソンと佐藤によるこの「共同声明についての合意議事録」は、イニシャル署名を予定したそのコピーで

あるが、後に佐藤家から見つかった（おそらく）ホンモノ（『読売』2009,12,22（夕）；『朝日』2009.12.23（朝）)は以下のような内容であり、フルネームでの二人の署名がある。

「米合衆国大統領
我々の共同声明で述べたとおりて、米国政府の意図は、実際に沖縄の施政権が日本に返還されるときまでに、沖縄からすべての核兵器を撤去することである。……
しかしながら、日本を含む極東諸国の防衛のため米国が負っている国際的義務を効果的に遂行するために、米国政府は、極めて重大な緊急事態が生じた際、日本国政府との事前協議を経て、核兵器の沖縄への再持ち込みと、沖縄を通過させる権利を必要とするであろう。米国政府は、その場合に好意的な回答を期待する。米国政府は、沖縄に現存する核兵器貯蔵地である、嘉手納、那覇、辺野古、並びにナイキ・ハーキュリーズ基地を、何時でも使用できる状態に維持しておき、極めて重大な緊急事態が生じた時には活用できるよう求める。
日本国総理大臣
日本国政府は、大統領が述べた前記の極めて重大な緊急事態の際の米国政府の諸要件を理解して、かかる事前協議が行われた場合には、遅滞なくそれらの要件を満たすであろう。
大統領と総理大臣は、この合意議事録を二通作成し、一通ずつ大統領官邸と総理大臣官邸にのみ保管し、かつ、米合衆国大統領と日本国総理大臣との間でのみ最高の機密のうち取り扱うべきものとする、ということに合意した。
1969年11月19日
ワシントンDCにて
Richard Nixon.
Eisaku Sato 」
（河野康子、2010, 73-5；参照、若泉、1994, 448）

　この密約については、2000年1月に朝日新聞記者が米国務省に公開請求して確認・報道しており、現在では公然の〝秘密〟である（『朝日』

2000.1.6；『朝日』2000.1.11；我部、2000, 215；西山、2007, 51；河野、2010, 58)。日米両国の首脳による核密約への経緯については、最近の新聞記事でも報道されていた（『朝日』2023.1.4；2.14；2.28；4.3など；『朝日新聞デジタル』2023.1.30)

(20) ところでこの核搭載艦船および航空機の日本寄港と通過に関する「密約」問題の発生点は、実は1960年の旧安保条約改定のときにまでさかのぼる。2009年に政権交代した民主党鳩山由紀夫内閣の指示により、外務省に設置された「いわゆる『密約』問題に関する有識者委員会」（座長、北岡伸一）は、2010年3月に発表した「報告書」において、1960年の安保改定交渉の時に、核搭載艦船の寄港は事前協議の対象ではないという、非公表の「討議の記録」に基づく米側の解釈を知りながらこれについては深追いしないという形で、日米間に「暗黙の合意」があったという。たとえば当時の駐日米大使ライシャワーは、池田内閣時の外相大平正芳に（1963年4月）、そして佐藤首相にも（1964年12月）、核搭載艦船の事前協議なしの寄港が行なわれるという米国の解釈を伝えたらしい。しかし、大平も佐藤も米側の解釈にとくに異議を唱えなかったという。こうして米国は「ライシャワー以後は、日本側の国会答弁にこだわることなく核搭載艦船の事前協議なしの寄港を続けた」と「報告書」は推定する（坂本、2010、38)。しかし日本政府は、「米国政府の考えをはっきり知らされた後も、核搭載艦船の寄港は事前協議の対象になる、と国会などで説明し続けた」（同前、38)。さらに日本政府は「具体的に米艦船の寄港が問題になると、米国が日本のそういう立場を知りながら事前協議をしてこないので、その艦船には核兵器を搭載していないはず、という趣旨の説明も行なった」（同前、38)。

　1981年5月、私人となったライシャワー元大使は、『毎日新聞』をはじめとする日本の新聞のインタビューに応じ、「核搭載艦船の寄港（や通過）は核兵器の持込みにはあたらず、事前協議の対象外というのが米政府の理解であると明言した」（同前、43)。しかし日本政府は「ライシャワー教授の発言は私人の発言であり、米国政府は安保条約と関連取決めに基づく約束を誠実に順守すると明言している」（同前、43；傍点は大石）と、子供だましの説明で追及をかわした。日本国民もさすがにこのような政府の説明は信じなかった。翌月の世論調査によれば、『読売』（1981.6.13）で

は政府が非核三原則の中の核兵器を持ち込ませないという方針を守っていると思うかという問いに、77％の人がそうは思わないと答え、『朝日』（1981.6.14）の調査では同様の答えは80％に達した。また『毎日』では、核を積んだ米国の軍艦が日本の港に入ったことがあるかという問いに、76％があると思うと答えている。（坂本、43）

　2000年3〜4月、不破哲三が米国「国立公文書館」などから入手した資料をもとに「日米核密約」をめぐって小渕恵三首相や森喜朗首相を追及した国会論戦は厳しい。そして言う。「なによりも許せないのは、日本政府が40年にわたって国民をだまして、核兵器持ち込みのこの体制をつくってきたことにあります」（不破、2010、137）。不破は「報告書」にいう「討議の記録」（record of discussion）を、自身では「討論記録」と訳して、その全文を明らかにしている（同前、186-88）。

（21）　多額な税金の使い道として国民が当然に知るべき事柄が、男女関係による〝機密漏洩事件〟にすり替えられた一審の裁判過程については、澤地久枝『密約——外務省機密漏洩事件』（1978、中公文庫）が詳しい。

　しかし隠された財政問題はそれだけではなかった。日本政府が肩代わりした400万ドルは実は氷山の一角であった。返還協定第7条にある、日本政府が米国に支払うべき3億2000万ドルのほかに、返還協定に記されていない3億2000万ドルがあるとされ、結局「1972年から1977年までの間に総額で6億4500万ドルの利益を米政府は獲得した」（我部、2000、206）という。そして日本政府によって、「沖縄返還にともなう財政取決めのすべてが、国民の目の届かぬ秘密とされてきた」（同前、205）。前記した外務省の「報告書」ですら、「日米の財政取り決めによる日本側の支払い総額は、返還協定に記載された3億2000万ドルをはるかに超え、5億1000万ドル達する」と推定する（波多野、2010、93、注51）。かくして「高度の政治判断」からなされた「巨額の財政取り決めに関する不透明な処理は、その後の日米両政府による責任ある説明を不可能なものとし、密約疑惑の背景とな」ったという（同前、93）。「沖縄を金で買い戻す」との批判を恐れた佐藤政権には、このように沖縄返還に伴って、財政経済交渉においても不透明な部分が多々あった。しかし『本土並み』や早期返還の実現という要請の中で、不透明な処理を余儀なくされた場合もある。「こうした清濁併せもった返還交渉の苦闘の歴史…」（同前、94；傍点は大

石）という外務省報告の記述は、そのような「不透明な処理」を国民に知らせないまま受容させることをよしとするのだろうか？

（22）その一つ「森友問題」では、建設予定の小学校のために大阪府豊中市の国有地が、2016年、約8億円値引きされて学校法人森友学園に売却された。その小学校には安倍首相の昭恵夫人が名誉校長についており、寄付金払込取扱票には、当初「安倍晋三記念小学校」の名前が使われていた。2017年2月、衆議院予算委員会で首相は民進党議員の質問に対し「私や妻が関係していたということになれば、総理大臣も国会議員も辞める」と答弁した。格安での払い下げの事実が明らかになると、財務省の佐川宣寿理財局長は、保存期間1年未満を理由に「交渉記録はない。……廃棄している」と述べた。しかし翌2018年1月に開示された文書の中には、2016年の森友学園と近畿財務局による土地取引の交渉記録が記載されていた。さらに3月、『朝日新聞』が、財務省が国会議員に提示した、土地取引の際に作成された決裁文書に書き換えがあることを報じると、財務省は佐川理財局長の答弁に合わせるために、決裁文書を書き替えたことを認めた。改ざんを主導した佐川は、理財局長から国税庁長官に出世し、佐川の答弁を踏襲することに終始した後任の太田充理財局長は、主計局長を経て財務省事務次官となった。

　獣医師は不足していないという農水省、文科省の了解があったにもかかわらず、2018年4月、学校法人加計学園は、安倍首相主導の国家戦略特区制度を利用して、愛媛県今治市に岡山理科大学獣医学部を新設することに成功した。しかし学園理事長の加計幸太郎はアメリカ留学時代以来の安倍首相の親友であったことから、首相が便宜を図ったのではないかという疑惑が生じた。2017年5月17日、『朝日新聞』は、内閣府が文科省に対して「総理のご意向」「官邸の最高レベル」という言葉を使い、獣医学部新設を強く求めていた文書の存在を報じた。菅義偉官房長官は「全く怪文書みたいな文書じゃないでしょうか」と相手にしなかったが、前川喜平文科省事務次官は、『朝日新聞』のインタビューに、文書が本物であることを認め、「行政がゆがめられた」と答えた。その後、首相秘書官が2015年4月に愛媛県や今治市の職員、加計学園幹部と面会して「本件は首相案件」と述べたという文書が発見され、さらに安倍首相の「新しい獣医学部新設の話はいいね」という発言があったという、加計学園が提出した文書も愛

媛県側から示された。加計理事長から獣医学部新設の話は聞いていないという安倍首相のそれまでの答弁は、嘘であることになる。

　2019年11月には、共産党の田村智子議員が、首相主催の「桜を見る会」に自民党議員の後援会関係者が多数招待されていることを暴露した。与党枠や首相枠で招待された人の名簿の提出を要求されると、内閣府は「招待者名簿は5月9日に廃棄し、電子データも残っていない」と野党に回答した。ところが5月9日という日付は、共産党の宮本徹議員が国会質問のために桜を見る会の関係資料を請求した日であった。野党議員の間に「内閣府が宮本議員の請求を受けて、証拠隠滅を図ったのではないか」という疑念が生じたが、内閣府は「名簿の廃棄の分量が多いので、大型のシュレッダーを使おうとしたら、各局の使用が重なった。担当する職員も若干、期間業務職員的な人間だったこともあり、そうしたもろもろの調整をした結果、連休明けの5月9日になった」と弁明した（岡田、2020, 161～2）。なんともお粗末な言訳であるが、このプロセスには、それ以前にさらに深遠な謀略があった。上述の森友・加計疑惑を受け、政府は2017年12月、公文書管理のガイドライン（指針）を改正した。改正は当初、公文書管理委員会が手掛ける想定だった。ところが、首相直下の内閣官房から突然、改正の原案が委員会に示される。「原案は、文書の保存期間を『原則一年以上』と定めながら、抜け穴も用意していた。日程表など軽微な文書は『1年未満』との例外を設け、何を軽微とするかは各省庁の判断に委ねられた。……2019年5月、野党が資料を要求したその日、内閣府は招待者名簿を廃棄した。招待者を取りまとめる内閣府は指針改正後、名簿の保存期間を1年から1年未満に変更していた」（『東京新聞』2020.9.3；傍点は大石）。桜を見る会の問題では、公的行事が私物化され、税金が特定の政治家の支援者をもてなすために使用された。

　モリ・カケ・サクラの3事例については、朝日新聞取材班（2018）；毎日新聞「桜を見る会」取材班（2020）；岡田（2020）などを参照した。
（23）森友学園をめぐる財務省の決裁文書改ざんに関与させられ自殺した赤木俊夫の妻雅子は、国と財務省理財局長佐川宣寿を相手に事実解明と損害賠償を求めて訴訟を起こしていたが、2021年12月15日、突然、国は原告側の賠償請求を全額認める「認諾」を行い、裁判を強制終了させた。聞きなれない「認諾」という手続きにより、改ざんの経緯、真実が明らかに

されないまま、裁判は終結した。この事態を、前川喜平は「『金を払えば
いいんだろ』と札束を投げつけて逃げるような行為」であり、「岸田〔文
雄〕首相は何かを隠そうとしている」(『東京』2021.12.19)といい、鎌田
慧は「首相は金の煙幕を張って敵前逃亡だ」(同前、2021. 12.21)と指摘
した。

(24) この本には奇妙なことにページがないので、"1 Music"から勝手
に大石がページをつけた。本のカバーには、ヨーコの「読み終わったら、
この本を燃やしなさい」という指示があり、それに対してジョンは「これ
は、僕がこれまでに燃やした本の中でもっとも偉大な本だ」と返している。
大枚18ドルを支払ってこの本を入手した私は、ヨーコの指示に逆らって、
まだこの本を燃やしていない。

(25)「鼻をかんだ」(blew his nose on the tissue) というのは、『ニュー
ヨーク・タイムズ』紙へのレポーターの記述であるが、ヨーコの最新の報
告によれば、二人は「ポケットから白いハンカチ(white handkerchief)
を取り出した」とある。辞書によれば、tissue には「紙製ハンカチーフ」
という意味もある。「布」だったのか「紙」だったのか、真実はヨーコに聞
くしかない。〈https://www.johnlennon.com/news/the-birth-of-nutopia-
1-april-1973-〉

　国家が領土(領海、領空)にこだわり、国旗や国歌という権威主義的シ
ンボルを過度に強調することの再考を迫るヌートピアのエピソードは、
「君が代」をパンクロック風にアレンジした歌を含む忌野清志郎のアルバ
ム『冬の十字架』を、レコード会社(ポリドール)が発売中止とした事実
を思い起こさせる。

(26) CD についているリーフレットでは、歌詞第1節の1行目は、"There
may be not much　difference"となっているが、実際にはヨーコは
"There may not be much difference"と歌っている。文法的には前者が
正しいのであろうが、ヨーコは否定の意味を強調したかったのか、"not"
が先にきており、以下すべての箇所でも同様である。歌詞は歌っていると
おりにした。ヨーコは敢えて印刷された歌詞を直さなかったのだろうか?

(27)"press their smile"を、最初は「笑わせる」という意味に解したが、
青山学院大学元同僚で英米文学専攻の室住信子教授から、「印刷した笑顔」
であろうと御指摘を受けた。というわけで「笑顔写真」と修正してみた。

また同教授からは少し前の"If we check their coffins"の解釈について
もご意見を頂いた。友人のRuth Knoxの感想と合わせて本文のように修
正した。ご教示に感謝。

(28) CDにつけられたリーフレットの歌詞には、トップのMagicから
Tarotまでにも believe <u>in</u> とinがつけられており、翻訳詩集の岩谷
(1986) と平田 (1994) でもそれに倣っている。しかしYouTubeやCD
で聴いてみると、Tarotまではinをつけていないが、Hitler以下では、す
べてはっきりとinをつけて歌っている。

(29) イメージの「金縛り」について、大石 (1983, 87) 参照。

(30) 多くのラジオ局は、この攻撃的で人種差別的な用語のゆえに、この
歌を放送することを初めは拒否したらしい。ラジオおよびテレビのインタ
ビューでジョンは、この "nigger" という言葉が、すべての抑圧された
人々を表現しようとしたものであることを説明したという (Wikipedia
"Woman is the Nigger of the World," Jan. 2021)。大石 (1997) は、ア
メリカ黒人に対する虐待と差別の歴史について簡単に触れ、それにもかか
わらず、黒人の学歴、収入、職業的地位などの状況が徐々に改善しつつあ
ることをデータで示した。

(31) 大石 (2002) は、クウェーカー教徒を中心としたアメリカ女性が、
選挙権を獲得するまでの運動のプロセスをごく簡単に振り返り、かつ「男
は外で稼ぎ、女は家庭を守る」といった意識が、1970年代以降、着実に
少なくなりつつあるという点を、データをもとに確認した。

(32) 以下、ヨーコの生い立ちから渡米後の活動まで和久井 (2020)、お
よびヨーコ (1990)、NHK番組「オノ・ヨーコ&ショーン・レノン」
『ファミリーヒストリー』(2017年8月放映)、Beram & Borris-Krimsky
(2013) などを参照した。

(33) ヨーコは棺をアート作品にも使っている。2004年、東京都現代美術
館での「YES オノ・ヨーコ」展では、入り口付近に大(大人用か)小
(子供用か)さまざまな大きさの棺が100個も並べられていた。しかしそ
れらすべての棺の窓からは、一本の緑の木がすっくと立っていた。棺はむ
ろん戦争や災害での死を象徴する。しかし緑の木には、"再生"を象徴さ
せたのであろう。児島やよい「YES　オノ・ヨーコ展」〈https://artscape.
jp/artscape/exhibition/focus/0312_02.html〉

（フォーカス 03年12月（artscape.jp））

（34）ヨーコの最新アルバム『ウォーゾーン』 *Warzone*（2018）にも
"Woman Power" は収録されているが、歌詞や歌い方にかなりの変化がみ
られる。冒頭で訳した、オリジナルにはあった「セリフ」は、*Warzone*版
では省略されており、修正された新しい歌詞では、第6節のEvery woman
has a song to singの前にEvery man, が付加されている。さらに第7節の
上4行は、

> We'll teach you how to cook
>
> We'll teach you how to knit
>
> We'll teach you how to care for life insead of killing
>
> Make no mistake about it, sisters

と修正されている。また、新しい録音では合唱はなく、ヨーコ一人で歌っ
ている。そして第6および第7節での "power" の強調はない。全体とし
て年齢を感じさせるが力強さは変わりなく、ドスが効いているとも言える。
世情の変化を意識しての修正であろうが、それらの解釈、そしてどちらを
好むかは視聴者にまかせよう（YouTube "Yoko Ono – Woman Power"
では、ヨーコ自身によると思われる点描画を楽しめる動画もある）。

（35）この歌は小泉今日子がカバーしている。

（36）本書脱稿直前、平和を求めるジョンとヨーコの積極的な活動に関す
る新たな事実が、外交史料館（東京）に残された文書から明らかとなった。
敗戦直後の1945年9月、理化学研究所の科学者や映画会社は、環境と人
体への被ばく影響をフィルムに収めていたが、それは翌年にアメリカ側に
接収された。この「幻の原爆映画」は1967年に日本に返還され、ヨーコ
は1969年12月「ロンドンからの国際電話で日本政府にテレビ放送向けに
編集されていない完成版フィルムの貸し出しを要請した」という。「海外
への貸し出しは行なわない」と断られたヨーコは、同月、ジョンとの連名
で佐藤首相あてに、再度貸し出しを要請する文書を送付した。これに対し
て佐藤首相の秘書官は、公文書としては残っていないものの、1970年1
月に「日本政府の方針で、国外での公開目的でフィルムは貸し出せない」
との返信を作成していたらしい。

　報道はさらに「フィルム返還を巡っては当時、ベトナム戦争に対する反
戦運動での利用を気にする米側が神経をとがらせており、日米間の交渉は

難航。映画は日本で1968年に一般公開された際、被爆者への配慮などを理由に編集されたことが議論を呼び、『悲惨さが伝わらない』との批判も上がった」とする。アメリカ側の警戒と日本政府の忖度をうかがわせる記述である。ジョンとヨーコの真摯な活動を知るとともに、ここでも私たちは、重要な情報を人々の目から隠そうとする政治に対し、ジョンに倣って"Give Me〔Us〕Some Truth！"と叫びたくなるではないか（『琉球新報』2023.1.3；『東京』2023.1.4）。

参考文献 （アルファベット順）

ABEMA TIMES（2018.7.12）

赤木雅子＋相澤冬樹『わたしは真実が知りたい──夫が遺書で告発「森友」改ざんはなぜ？』2020、文藝春秋

秋山直樹『ビートルズ作品読解ガイド』2008、ブイツーソリューション

『朝日新聞Digital』「11万人避難指示の夜に『赤坂自民亭』適切だったか検証」、2018.7.13

朝日新聞取材班『権力の「背信」──「森友・加計学園問題」スクープの現場』2018、朝日新聞出版

Apple Corps, *The Beatles：Anthology*, 2000（ザ・ビートルズ・クラブ監修翻訳『The Beatles アンソロジー』2000、リットーミュージック）

Athey, Joan ed., Paul McGrath, *Give peace a chance：John and Yoko's bed-in for peace*, 2009, John Wiley & Sons.

Athey "Sing my heart, speak my mind：Acorns for peace"（Blog）〈http：//singmyheart.blogspot.jp/2007/02/acorns-for-peace.html〉

Beram, Nell & Carolyn Boriss-Krimsky, *Yoko Ono：collector of skies*, 2013, Abrams

Boulding, K. E., *The Image*, 1956, Ann Arbor Paperback

ブレイディ みかこ『子供たちの階級闘争──ブロークン・ブリテンの無料託児所から』2017、みすず書房

Carroll, Lewis, *Through the Looking-Glass and What Alice Found There*, 1871（『鏡の国のアリス』河合祥一郎訳、角川文庫）

Clayson, Alan, Barb Jungr and Robb Johnson, *Woman：The Incredible Life of Yoko Ono*, 2004, Bluce Interactions, Inc.（上原直子訳『オノ・ヨーコという生き方 WOMAN』2006、ブルース・インターアクションズ）

Cleaver, Eldridge, *Post-Prison Writings and Speeches*, 1967, Ramparts Magzine

Cleaver, Eldridge, *Soul on Ice*, 1968, Dell Publishing

Coleman, Ray, *John Winston Lennon Volume* I *1940─1966 & Volume* II *1967─1980*,（1984）1985, Futura Publications.（岡山徹

訳『ジョン・レノン』上・下、音楽之友社、1986 & 1985）

Easton, David, *A Framework for Political Analysis*, 1965, Prentice Hall
　（岡村忠夫訳『政治分析の基礎』1968、みすず書房）

不破哲三『日米核密約―歴史と真実』2010、新日本出版社

我部政明『沖縄返還とは何だったのか』2000、NHK ブックス

波多野澄雄「沖縄返還と原状回復補償費の肩代わり」北岡伸一（座長）
　『いわゆる「密約」に関する有識者委員会報告書』第5章、2010、外務
　省、所収

Hansen, Dorothee, "Bag One—A series of 15 original lithographs in a
　white plastic bag, 1970," 1995a, in Herzogenrath, Wulf, and
　Dorothee Hansen（eds. 1995）

Hansen, Dorothee, "'John' by Yoko Ono and 'Yoko' by John
　Lennon—The Acorn Event in front of Coventry Cathedral on 15th
　June 1968," 1995b, in Herzogenrath, Wulf, and Dorothee Hansen
　（eds. 1995）

Hansen, Dorothee, "You are Here—Exhibition at the Robert Fraser
　Gallery July 1968," 1995c, in Herzogenrath, Wulf, and Dorothee
　Hansen（eds. 1995）

Hansen, Dorothee, "Bed-In for peace—Performance at the
　Amsterdam Hilton, 1969," 1995d, in Herzogenrath, Wulf, and
　Dorothee Hansen（eds. 1995）

Hansen, Dorothee, "War is Over！，—Worldwide poster action,
　December 1969," 1995e, in Herzogenrath, Wulf, and Dorothee
　Hansen（eds. 1995）

Hansen, Dorothee, "Bagism—A series of performances in which John
　Lennon and Yoko Ono wrapped themselves in a bag," 1995f, in
　Herzogenrath, Wulf, and Dorothee Hansen（eds. 1995）

Herzogenrath, Wulf, and Dorothee Hansen（eds.）, *John Lennon：
　Drawings, Performances, Films*, 1995, Cantz Verlag

Herzogenrath, Wulf, "John Lennon, Artist Or：Why was it impossible
　for so long to acknowledge him as an artist—and why do we still
　find it difficult today?" in Herzogenrath, Wulf, and Dorothee

Hansen（eds. 1995）

Hatena Blog, "Working Class Hero もしくは労働者階級の英雄（1970. John Lennon）"

〈http://nagi1995.hatenablog.com/entry/2017/09/13/233005〉

Henke, James, *Lennon Legend：An Illustrated Life of John Lennon*, 2003, Weidenfeld & Nicolson

平田良子訳『ジョン・レノン詩集「イマジン」』1994、シンコー・ミュージック

飯村隆彦『ヨーコ・オノ──人と作品』2001、水声社

猪俣憲司・根木正孝「ヌートピア宣言」（『ヌートピア宣言』リーフレット）

岩谷宏訳『ジョン・レノン詩集』1986、シンコー・ミュージック

木下真志編『安倍長期政権劣化の構造』2020、旬報社

北岡伸一（座長）『いわゆる「密約」問題に関する有識者委員会報告書』2010、外務省

草野昌一（発行者）『ビートルズ全歌詞集』1991、シンコー・ミュージック

Koenigsberg, *Nations Have the Right to Kill──Hitler, the Holocaust and the War*, 2009, Library of Social Science

児島やよい「YES オノ・ヨーコ展」〈https://artscape.jp/artscape/exhibition/focus/0312_02.html〉（フォーカス 03年12月（artscape.jp））

河野康子「沖縄返還と有事の核の再持ち込み」、北岡伸一（座長）『いわゆる「密約」に関する有識者委員会報告書』第4章、2010、外務省、所収

河野康子『沖縄返還をめぐる政治と外交 ── 日米関係史の文脈』1994、東大出版会

Leaf, David and John Scheinfeld, *The U.S. vs. John Lennon*, 2006, Lions Film Inc.（『Peace Bed---アメリカ vs ジョン・レノン』DVD）

Lennon, John and Yoko Ono with Andy Peebles, *The Lennon Tapes*, 1981, BBC Worldwide（池澤夏樹訳『ジョン・レノン　ラスト・インタビュー』2001、中央公論新社）

レノン、ジョン『絵本ジョン・レノンセンス』1975（片岡義男・加藤直訳）晶文社

レノン、ジョン『空に書く──ジョン・レノン自伝＆作品集』2002、筑摩書房

Lifton, Robert, *Destroying the World to Save It──Aum Shinrikyo, Apocalyptic Violence, and the New Global Terrorism*, 1999（渡辺学訳『終末と救済の幻想──オウム真理教とは何か』2000、岩波書店）

毎日新聞「桜を見る会」取材班『汚れた桜──「桜を見る会」疑惑に迫った49日』2020、毎日新聞出版

マルクス、K.『共産党宣言』（『マルクスの政治思想』1962、河出書房新社、所収）

松岡完『ベトナム戦争──誤算と誤解の戦場』2001、中公新書

McCabe, Peter and Robert D. Schonfeld, *Apple to the Core：The Unmaking of the Beatles*, 1972, Pocket Books（深町真理子・永井淳訳『ビートルズの不思議な旅』1973、草思社）

Merton, R. K., *Social Theory and Social Structure*, rev. ed.1957（マートン、R. K.、『社会理論と社会構造』森東吾ほか訳、1961、みすず書房）

森達也『放送禁止歌』2003、光文社文庫

Munroe, Alexandre & Jon Hendrics, *Yes Yoko Ono*, 2000, Japan Society and Hary N. Abrams

NHK「オノ・ヨーコ＆ショーン・レノン」『ファミリーヒストリー』（2017年8月放映）

西山太吉『沖縄密約──「情報犯罪」と日米同盟』2007、岩波新書

帯金章郎・鈴木麻之・高木友絵編『YES　YOKO　ONO』2003、朝日新聞社

大石紘一郎『政治行動論の基礎』1983、八千代出版

大石紘一郎「アメリカ政治社会と黒人」大石紘一郎編『現代アメリカの心と社会──国民意識からさぐる政治・社会の深層』第1章、1997、朔北社

大石紘一郎「アメリカ政治社会と女性──GSSデータ分析」青山学院大学総合研究所法学研究センター 研究叢書第6号『日米政治意識の研究』2002、所収

大石紘一郎『オウム真理教の政治学』2008、朔北社

大石紘一郎「ジョンとヨーコの政治学」『青山法学論集』52巻1号
　（2010）所収

大石紘一郎・荒木義修編『政治と言語』2017、愛育出版

大石紘一郎「言葉が世界を創った──オウム真理教事件」『青山法学論集』
　60巻2号（2018）所収

岡田一郎「揺れる法の支配」、木下真志編『安倍長期政権劣化の構造』第
　9章、2020、旬報社、所収

Ono, Yoko, *Grapefruit*, 1964（1970, 2000）, Simon & Schuster

Ono, Yoko, "The Feminization of Society," *Sundance Magazine*,
　1972, May（*Approximately Infinite Universe*のリーフレットに再録）

Ono, Yoko, "On the Exhibition in the Kunsthalle Bremen," in
　Herzogenrath, Wulf, and Dorothee Hansen（eds. 1995）

オノ・ヨーコ『グレープフルーツ・ジュース』1993（南風椎訳）、講談社

オノ・ヨーコ『ただの私（あたし）』（飯村隆彦編）（1986）1990、講談社
　文庫

プレイボーイ社『ジョン・レノンPlaybyインタビュー』1981、集英社

Rawls, John, *A Theory of Justice*, 1971, Harvard Univ. Press（矢島鈞次
　訳『正義論』1979、紀伊國屋書店）

坂本一哉「核搭載艦船の一時寄港」、北岡伸一（座長）『いわゆる「密約」
　に関する有識者委員会報告書』第2章、2010、外務省、所収

サン＝テグジュペリ『星の王子さま』1953、内藤濯訳、岩波少年文庫

澤地久枝『密約──外務省機密漏洩事件』1978、中公文庫

島田裕巳『ジョン・レノンはなぜ神を信じなかったのか──ロックとキリ
　スト教』2018、イースト・プレス

田中明彦（代表）『データベース「世界と日本」』政策研究大学院大学・東
　京大学東洋文化研究所
　A「佐藤栄作総理大臣とリチャード・M・ニクソン大統領との間の共同
　　声明」
　B「1969年11月21日発表のニクソン米合衆国大統領と佐藤日本国総理
　　大臣による共同声明に関する合意議事録」

上野千鶴子「平成31年度東京大学学部入学式 祝辞」2019〈https://
　u-tokyo.ac.jp/ja/about/president/b_message31_03.html〉

上野千鶴子・田房永子『上野先生、フェミニズムについてゼロから教えて
　ください！』2020、大和書房

内田久美子訳『ビートルズ全詩集（改訂版）』2000、ソニー・ミュージッ
　ク・パブリッシング

和田静香「ウーマン・パワー——フェミニストとしてのオノ・ヨーコ」
　2020/11/18、『imidas』〈https://imidas.jp/jijikaitai/1-40-278-20-
　11-g756/4〉

若泉敬『他策ナカリシヲ信ゼムト欲ス』1994、文藝春秋

和久井光司『ヨーコ・オノ・レノン全史』2020、河出書房新社

渡辺清『砕かれた神——ある復員兵の手記』2004、岩波現代文庫

Wenner, Jann, "Remembering John Lennon," in W. Herzogenrath and
　D. Hansen（eds., 1995）

Wiener, Jon, *Come Together—John Lennon In His Time*, 1991（1984）,
　Univ. of Illinois Press.

Wiener, Jon, *Gimme some Truth*：*The John Lennon FBI Files*, 1999,
　The Regents of The Univ. of California（高橋結花訳『ジョン・レノン
　の真実—— FBI監視記録DE-4~HQ-33』2000、角川書店）

安田好弘「100年以上前に戻った13名の大量死刑執行」『創』2018、9月
　号、所収

油井大三郎『平和を我らに——越境するベトナム反戦の声』2019、岩波
　書店

〔CD & DVD〕

DVD Film：

Richard Lester, *How I Won the War*,（1967）, 2003, SPO.Japan

David Leaf & John Scheinfeld, *The U.S. vs. John Lennon*（『PEACE
　BED ——アメリカ vs ジョン・レノン』日本語字幕：関冬美；日本版
　監修：オノ・ヨーコ）、2006、メディアファクトリー

CD：

Yoko Ono/John Lennon, *Unfinished Music No.1：Two Virgins*,（1968）,
　1970

John Lennon/Yoko Ono, *Live Peace in Toronto*,（1969）, 1995

ジョンとヨーコの政治学

John Lennon, *Plastic Ono Band*／ジョンの魂, 1970

Yoko Ono, *Plastic Ono Band*, 1970

John Lennon, *Imagine*,（1971）, 1988

John Lennon/Yoko Ono, *Sometime in New York City*, 1972

John Lennon, *Mind Games*, 1973

John Lennon, *Walls and Bridges*, 1974

John Lennon, *Shaved Fish*, 1975

John Lennon & Yoko Ono, *Double Fantasy*, 1980

John Lennon & Yoko Ono, *Milk and Honey*, 1983

Yoko Ono, *New York Rock*, 1994

Yoko Ono, *Rising*, 1995

Yoko Ono, *Approximately Infinite Universe*, 1997

Yoko Ono, *Feeling the Space*, 1997

Yoko Ono, *Starpeace*, 1997

Yoko Ono, *Open Your Box*, 2001

Yoko Ono, *Kiss Kiss Kiss*, 2002

Yoko Ono, *Walking On Thin Ice*, 2003

Yoko Ono, *Fly*, 2003

Yoko Ono, *Warzone*, 2018

忌野清志郎『冬の十字架』1999

美輪明宏『白呪』2011

あとがき

　本屋の店員さんは、この本をどこに置くのだろう？　ジョン・レノンとオノ　ヨーコというすこぶるつきの著名なミュージシャンでアーティストの名前を出しながら、音符の一つも見られないし、説明・解説の活字がやたらと多い。「政治学」というこむずかしいタイトルはあっても、政治学についての体系的な説明があるわけでもない。音楽のセクションかアートのセクションか、それとも政治学や社会科学のセクションか。いっそのこと平積みか？

　本書の7「イマジン」と8「私たちはみんな水なのよ」は、『青山法学論集』52巻1号（2010）に掲載した「ジョンとヨーコの政治学（1）」を、言葉づかいを改め、かなり加筆修正したものです。それはほぼ、退職の際に行なった「英語文献購読」最終授業の内容でもあります。また、1「ハッピー・クリスマス（戦争は終わった）」と2「平和にチャンスを」については、2018年3月開催の青山学院大学退職教員研究会で「ジョンとヨーコの政治学（2）」と題して報告し、出席者の方からは有益なコメントを頂きました。コロナ・ウィルス感染がだいぶ収まったかにみえた2021年の年末、ようやっと開いた故升味準之輔先生由来の「くにたち政治学研究会」では、2「平和にチャンスを」、3「労働者階級の英雄」、そして5「真実が欲しい」を報告し、「これはいったいどういうジャンルに属するんですか？」など、率直な質

問で小生も自覚する困惑をつかれました。上記青山学院の研究会メンバー三嶋輝夫氏は、ロシアのウクライナ侵攻以前にはほぼ出来あがっていた原稿全体を読み、いくつかのミスを指摘しつつ感想を述べてくださいました。ビートルズ発祥の地リバプールに住み、英文学を専攻する旧友ルース・ノックス（Ms. Ruth Knox）は、ジョンとヨーコの歌詞に関するいくつかの質問に懇切に回答とコメントを加えてくれました。変わらぬ友情に感謝するとともに、それは、私自身の解釈に対する自信にもつながりました。しかしなお、私自身は音楽に詳しいわけでもなく、英米文学専攻でもないので、歌詞の翻訳や解釈に思わぬ誤りがあるかもしれません。御叱正をいただければ幸甚です。ジャンル不明で売れそうもない本書の原稿がいくつかの出版社に拒否されて途方に暮れていたとき、早稲田大学総長の田中愛治氏は、多忙な職務のさなかに原稿を同大学出版部に紹介して下さり、そのおかげで何とか陽の目を見ることができました。皆様に深謝です。

そのほかお名前は控えますが、本書脱稿にいたるまでに患った眼の病や体調不良に際して、幾人かの人たちからさまざまなかたちで励ましを受けました。心より感謝しています。

いつ、どこでのことだったか、はっきりとは思い出せないけれど、ヨーコさんの作品展示会にウィッシュ・ツリー（Wish Tree）というのがあった。ちょうど神社かお寺でのように、作品観覧者が小さな紙に願いごとを書いて大きな木の枝に結びつけるのである。すでにたくさんの白い紙が結び付けられていた。私も面白半分に「いつかジョンとヨーコに

ついての論文が書けますように」と、（たぶん）英文で書い
て結びつけた。つまりヨーコさんにの・せ・ら・れ・て、彼女の〝参
加パフォーマンス・アート〟の一部となったのである。もし
首尾よくこの本が出版されたなら、効験あらたか、願いごと
はかなったことになる。ほかの人たちのそれぞれの願いも、
かなえられたのだろうか？

　2012年9月に他界した妻あさ子が、その13年前、最初の
癌の大手術を乗り切って入院治療中、私はジョンの「僕と
いっしょに年取ろう」"Grow Old with Me"（1984）をCD
にコピーして病床に持参した。「何回も聴いた」と彼女は
言った。彼女の献身、時宜を逃さぬ決断、的確な叱正、それ
らのおかげで現在の私の生活はある。（2022年11月）

ジョンとヨーコの政治学

著者紹介　　　大石 紘一郎　おおいし・こういちろう

1944年、島根県生まれ。1966年、国際基督教大学卒業。1972〜75年、シカゴ
大学大学院留学。1977年、東京都立大学大学院博士後期課程単位取得。1983
〜84年、マカオ東亜大学客員講師、その後、国士舘大学助教授を経て、1994
〜2010年、青山学院大学法学部教授。現在、青山学院大学名誉教授。
「シンボルとイメージ」「政治と言語」などを研究。著書に、『政治行動論の基
礎』（八千代出版）、『町と村のリーダーたち——一般有権者との比較分析』『オ
ウム真理教の政治学』（ともに朔北社）、共編著に『現代アメリカのこころと社
会——国民意識からさぐる政治・社会の深層』（朔北社）、同じく共編著に『政
治と言語』（愛育出版）がある。

ジョンとヨーコの政治学 不条理を撃つ

2023年12月8日　　初版第1刷発行

著　者　大石 紘一郎

発行者　須賀 晃一

発行所　株式会社 早稲田大学出版部
　　　　〒169-0051　東京都新宿区西早稲田1-9-12
　　　　TEL 03-3203-1551
　　　　https://www.waseda-up.co.jp

装丁・本文デザイン　岩瀬 聡

校正協力　株式会社ライズ

印刷・製本　中央精版印刷株式会社

© Koichiro Oishi 2023 Printed in Japan
ISBN978-4-657-23005-8
無断転載を禁じます。落丁・乱丁本はお取替えいたします。
JASRAC 出 2306887-301